그러니까 역사가 필요해

À quoi Ça sert? L'Histoire by Antoine Sabbagh· Finzo
ⓒ Éditions Belin - Paris, 2009
All Rights Reserved.
Korean translation ⓒ Noransangsang, 2011
Korean translation rights arranged with Éditions Belin through Orange Agency.

이 책의 한국어 저작권은 오렌지 에이전시를 통한 Éditions Belin과의 독점 계약으로 노란상상이 소유합니다. 저작권법에 의하여 한국 내에서 보호를 받는 저작물이므로 무단 전재와 무단 복제를 금합니다.

노란상상 교양 ❷ 창의적인 자기주도학습 설명서
그러니까 역사가 필요해

앙투안 사바 글 | 핀조·송진욱 그림 | 박나리 옮김

초판 1쇄 2011년 11월 20일 | 초판 6쇄 발행 2018년 5월 1일
펴낸이 양정수 | 편집진행 조성은 | 디자인 지윤, 구민재page9 | 마케팅 양정수
펴낸곳 도서출판 노란상상 | 등록 2010년 1월 8일 제 2010-000027호
주소 서울시 양천구 목동동로 293, 현대41타워 910호 | 전화 02-797-5713 | 팩스 02-797-5714
전자우편 yyjune3@hanmail.net | 노란상상 블로그 blog.naver.com/yyjune3

ISBN 978-89-97367-00-9 63900

※ 이 책의 국립중앙도서관 출판시도서목록(cip)은 e_CIP 홈페이지(http://www.nl.go.kr/ecip)에서
　이용하실 수 있습니다.(CIP제어번호 : CIP 2011004841)
※ 책값은 뒤표지에 있습니다.

공급자 적합성 확인
제품명 : 노란상상 교양 | 제조자명 : 노란상상
제조국명 : 대한민국 | 전화번호 : 02-797-5713
주소 : 서울시 양천구 목동동로 293, 현대41타워 910호
제조년월 : 2018년 5월 1일 | 사용연령 : 8세 이상

※ KC 마크는 이 제품이 공통 안전 기준에 적합하였음을 의미합니다.
※ 책의 모서리가 날카로워 다칠 수 있으니 던져거나 떨어뜨려 다치지 않도록 주의하세요.

그러니까 역사가 필요해

앙투안 사바 글 | 핀조 · 송진욱 그림 | 박나리 옮김

| 차례 |

1 역사는 무슨 쓸모가 있나요?
잘난 척하려고 역사 공부하는 거 아니에요? | 7

2 평범한 사람들의 사소한 이야기
이름도 기억되지 않는 평범한 사람들이
먹고, 입고, 노는 이야기가 역사예요 | 17

3 아주 오래된 사건의 흔적
눈을 떠 주위를 바라보세요.
곳곳에 역사의 흔적이
남아 있고 숨어 있어요 | 41

4 역사학자가 들려주는 역사 이야기
역사학자는 모험심이 가득한 탐험가들이지요! | 51

5 역사 선생님이 들려주는 역사 이야기

역사 선생님들은
재미난 이야기에 푹 빠진 사람들이에요 | 79

6 역사의 수수께끼

아직도 풀리지 않은 수수께끼가
너무나 많답니다 | 97

7 왜 역사를 배울까요?

역사 없이는 안 돼요! | 121

 역사에 대해 더 알고 싶어요

역사와 관련된 직업, 역사를 만나는 박물관,
역사를 만나는 여행 | 127

역사는 **1** 무슨 쓸모가 있나요?

잘난 척하려고
역사 공부하는 거 아니에요?

"다음 주에 쪽지 시험을 볼 테니 연도와 날짜를 전부 외워 와라."

"연도와 날짜를 외우라고요? 선생님, 그게 어디에 쓸모가 있죠?"

"원래 그런 거야, 그냥 외워 와!"

선생님은 수업 시간에 모두 외우라는 숙제를 냈습니다. 나는 아주 오랫동안 역사와 연도가 참 싫었어요. 솔직히 말해서, 911년에 노르망디 공작 롤롱이 프랑스 국왕 샤를 3세와 조약을 맺었으며 732년에 샤를 마르텔이 푸아티에 전투를 승리로 이끌었다는 사실을 알아서 무엇에 쓰겠습니까? 천 년도 더 지난 일들이고, 이미 죽은 사람들이에요. 게다가 역사책에는 전투와 전쟁 이야기만 있어서 나는 역사를 좋아할 수가 없었습니다.

732년에 샤를 마르텔이 푸아티에 전투를 승리로 이끌었다는 사실을 알아서 무엇에 쓰겠습니까?

1. 역사는 무슨 쓸모가 있나요?

역사는 남자들의 이야기?

역사를 좋아할 수 없는 또 다른 이유가 있습니다. 내가 초등학교에 다닐 때 웬세슬라스라는 친구가 있었습니다. 우리 반에서 역사 공부를 가장 잘했던 아이인데 모든 걸 다 외우고 있었어요. 백년전쟁이 언제 일어났고 왜 일어났는지, 앙리 4세를 누가 죽였는지 모두 알고 있었지요. 물론 나와 다른 친구들은 백년전쟁 따위엔 관심이 없었어요.

선생님이 어느 날 우리에게 질문을 했습니다.

"샤를 4세의 아내가 누구였지? 얼른! 너희들은 정말 상식이 없구나!"

나는 고개를 숙인 채로 웬세슬라스 쪽을 봤습니다. 미소를 짓고 있는 웬세슬라스를 보는 순간 화가 났습니다. 선생님은 온화한 표정으로 말했습니다.

"자 웬세슬라스, 우리 반의 희망! 샤를 4세의 아내가 누구였지?"

"이자보 드 바비에르입니다, 선생님."

그런 걸 어떻게 알았을까요? 정말 수수께끼입니다. 웬세 슬라스의 집에서는 밥을 먹을 때마다 이자보 드 바비에르에 대해 이야기했던 걸까요? 우리 집에서는 이런저런 사소한 이야기들을 하지만 말이죠. 그리고 역사를 좋아할 수 없는 이유가 하나 더 있었습니다. 나는 방학 때마다 여

1. 역사는 무슨 쓸모가 있나요?   11

자 사촌들 네 명과 함께 보냈는데, 사촌들과 이야기를 하다 보면 세상에서 가장 중요한 건 왕이나 정복자였고 역사는 남자들의 이야기였습니다. 할머니가 돌아가시기 전까지는 분명히 그랬습니다. 머리가 새하얗고 항상 웃으셨던 할머니는 가끔 정신이 오락가락하셨습니다. 다른 할머니들과 다르지 않은 할머니였고 나는 멀리 사시는 할머니를 자주 뵙지는 못했습니다.

우리 할머니 인생이 역사라고?

할머니가 돌아가셨습니다. 아빠는 할머니 집에서 짐을 정리한 다음에 상자 몇 개를 들고 오셨습니다. 아빠는 상자를 보면서 무슨 생각을 하는지 움직이지도 않았어요. 그때 전화벨이 울렸고 아빠는 전화를 받으러 갔습니다. 뭐가 들어 있을까? 정말 궁금했던 나는 상자를 열었습니다. 책들과 오래된 옷들 사이에 비닐 가방이 하나 있었습니다. 조심조심 비닐 가방을 열었더니 깃발처럼 생긴 커다란 붉은 천이 나왔습니다. 접혀 있던 붉은 천을 펼친 나는 깜짝 놀라서 움직일 수가 없었습니다. 붉은 천 가운데에는 나치 문양이 그려져 있었기 때문입니다. 그건 나치의 깃발이었던 거지요.

　돌아가신 할머니의 물건을 뒤지는 일이 부끄럽기는 했지만 더 알고 싶었던 나는 가방을 계속 뒤졌습니다. 옷가지들 아래서 딱딱하고 차가운 금속 칼이 나왔습니다. 세상에

아우슈비츠 수용소

나치가 유럽을 지배했을 때 수십 개의 범죄자 수용소, 강제 수용소, 학살 수용소가 있었습니다. 수용소에 갇힌 사람들은 노예처럼 일하거나 가스실에서 몰살당했습니다. 1945년에 소련 군대와 미국 군대가 수용소를 해방시켰습니다. 가장 유명한 나치 수용소인 아우슈비츠 수용소도 1945년 봄에 해방되었습니다.

나……. 칼에는 나치 십자가가 새겨져 있었습니다.

"거기서 뭐하니?"

얼굴이 새빨개진 나는 할머니의 깃발과 칼을 든 채로 아빠에게 물었습니다.

할머니, 레지스탕스였다면서요? 우리 반 앙토낭한테 나 좀 그만 괴롭히라고 말씀해 주시면 안 돼요?

"할머니가 나치였어요? 할머니 가방에 왜 이런 게 있어요?"

아빠는 아무 말 없이 미소를 짓더니 가방 맨 아래서 작은 통을 하나 꺼냈습니다. 장난감 권총이 들어 있었습니다. 진짜 총이랑 똑같이 보이는 검정색 장난감 총이었지요.

"이걸로 할머니와 친구들이 수용소에 갇힌 사람들을 해방시키셨단다. 바로 1945년의 일이었지."

할머니는 히틀러를 따른 나치가 아니라 나치에 저항한 레지스탕스였던 겁니다. 얼마나 다행인가요! 레지스탕스는 프랑스 말로 저항이라는 뜻을 담고 있는데, 나치에 저항했던 프랑스 사람들의 행동을 레지스탕스라고 부르기도 합니다.

역사와 친해지다

할머니의 가방을 본 날부터 나는 역사와 친해졌습니다.

왕이나 장군의 이야기만 역사가 아니라 할머니처럼 평범한 사람들의 이야기도 역사라는 것을 알게 되었기 때문이에요. 우리 가족처럼 잘 알려지지 않은 사람들, 온갖 끔찍한 사건에 휘말렸던 수백만 명의 평범한 사람들의 이야기가 모두 역사였습니다. 연도와 날짜 뒤에는 엄청나게 많은 사람들의 놀랍고 제각각인 인생 이야기가 숨어 있었던 거예요.

평범한 사람들의 사소한 이야기 2

이름도 기억되지 않는
평범한 사람들이 먹고, 입고, 노는 이야기가 역사예요.

역사는 책으로 둘러싸인 도서관에 있지 않습니다.
역사는 바로 지금 여기에 있습니다.
그럼, 경제 위기나 아프가니스탄 전쟁, 오바마 미국 대통령 이야기가 지금의 역사냐고요?
글쎄요, 과연 그럴까요?

역사는 우리 생활의 아주 작은 부분까지 설명해 줍니다. 내가 지금 어디에서 무엇을 보고 있는지 들려줄게요. 잘 들어 보세요. 특별하지 않은 일상에 어떤 역사가 숨어 있는지 생각해 봐요.

나는 지금 프랑스 미디 지방 작은 마을의 카페에 앉아 있습니다. 오늘은 장날인데 날씨가 무척 좋아요. 머리카락을 기른 젊은이들이 청바지와 라코스테 티셔츠를 입고 지나갑니다. 머리부터 발끝까지 검게 차려 입은 어떤 할머니는 안경을 치켜 올리고 있네요. 분수 앞에 있는

> 역사는 우리 생활의 아주 작은 부분까지 설명해 줍니다.

채소 가게에서 파는 당근은 얼마인지 가격표를 보려고 하나 봐요. 초등학교의 교문이 열리고 어떤 할아버지가 나옵니다. 정확히는 모르겠지만, 희끗희끗한 턱수염으로 보아 교장 선생님 같습니다. 그 옆을 개 한 마리가 신나게 달려가요. 귀가 쫑긋 선 복서라는 품종의 개인데, 저런! 어떤 소년이 개에 걸려 넘어질 뻔했습니다. 소년은 아버지와 똑같이 줄무늬 티셔츠를 입고 있어요. 베일을 쓴 두 여성이 이야기를 하고 있고, 길가에는 손풍금을 연주하는 사람이 앉아 있습니다. 교회의 종소리가 들리네요. 낮 열두 시입니다.

너무나 평범한 모습입니다. 아무 때나 볼 수 있고 어떤 길에서도 볼 수 있는 모습입니다. 특별한 사건도 일어나지 않았고 유명한 사람도 등장하지 않았습니다. 그런데 이 평범한 모습에 많은 역사가 숨어 있습니다. 정말이냐고요? 어떤 이야기부터 할까요? 괜찮다면 옷의 역사부터 시작합니다.

청바지와 라코스테, 옷의 역사

청바지를 입은 젊은이들이 지나갑니다. 데님 청바지가 미국에서 왔다는 사실은 잘 알려져 있어요. 그렇지만 청바지가 탄생한 곳이 프랑스라는 사실을 아는 사람은 많지 않습니다.

250년 전쯤에 프랑스 님 지방의 방직공들은 농부들을 위해 두꺼운 옷감으로 파란색 옷을 만들었습니다. 사람들은 이 옷을 님 지방의 파란 옷이라고 불렀어요. 프랑스 말로 '블루 드 님'이라고 부른 거예요. 뱃사람들이 일을 할 때도 블루 드 님을 입었는데 이 옷은 물에 젖으면 파란색이 점점 짙어졌어요. 님 지방에서 만든 옷감의 특징 때문이었습니다. 사람들은 이 옷을 곤란할 때 더 파래지는 옷, 즉 '블루 드 젠'이라고도 불렀습니다.

청바지가 태어난 곳은 프랑스!

당시 님 지방에 사는 사람들은 대부분 개신교를 믿었습니다. 그런데 프랑스의 왕 루이 14세가 1685년에 낭트 칙령을 거두어들이면서 개신교를 금지하자 개신교를 믿는 사람들 수천 명이 프랑스를 떠났습니다. 이때 독일로 갔다가 다시 미국으로 떠난 프랑스 사람들이 있습니다. 이들이 블루 드 님 또는 블루 드 젠이라고 불린 옷을 미국에 가져갔어요.

그래서 청바지의 미국 이름은 '데님' 또는 '블루진'이 되었습니다. 프랑스 님 지방의 옷감으로 만든 옷이라는 뜻이 데님이라는 말에 담겨 지금까지 전해지고 있는 셈입니다.

청바지 이야기는 여기까지 하고, 젊은이들이 입은 티셔츠 이야기를 해 볼까요. 작은 악어를 상표로 사용하는 '라코스테' 이야기입니다. 라코스테라는 회사의 이름은 프랑스의 테니스 선수인 르네 라코스테의 이름에서 시작되었습니다.

라코스테는 승부욕이 무척 강한 끈질긴 선수였어요. 사람들은 그가 먹이를 물면 절대로 놓지 않는 악어를 닮았다고 했고 악어는 그의 별명이 되었습니다. 프랑스 테니스협회의 회장은 아주 큰 테니스 대회인 데이비스컵에서

> ### 낭트 칙령
>
> 프랑스의 왕 앙리 4세는 1598년에 낭트에서 중요한 발표를 했습니다. 가톨릭이 나라의 종교였던 프랑스에서 개신교 신자들을 차별하지 않겠다는 내용이었습니다. 개인적인 종교의 자유를 인정한 아주 중요한 발표였고 이 발표는 '낭트 칙령'이라고 불립니다. 그런데 1685년에 프랑스의 왕 루이 14세는 낭트 칙령을 거두어들였습니다. 이 무렵 무장한 군인들이 프랑스의 개신교 마을을 짓밟았고, 주민들은 강제로 가톨릭을 믿게 되었습니다. 이 사건을 신교도 박해 사건이라고 불러요.

르네 라코스테가 우승하면 악어 가죽으로 만든 가방을 그에게 선물하겠다고 약속하기도 했어요. 물론 라코스테는 우승하여 가방을 선물로 받았지요. 테니스 선수에서 은퇴한 뒤에 라코스테는 자신의 이름을 딴 스포츠 의류 회사를 만들었습니다. 그는 자기가 만든 회사의 상표로 물면 놓지 않는 작은 악어를 사용했어요.

줄무늬는 악마의 상징?

 청바지와 라코스테 이야기가 옷의 역사의 전부일까요? 아닙니다! 아까 줄무늬 티셔츠를 입은 아버지와 아들이 있었지요? 이제 줄무늬 옷 이야기를 해 볼게요.
 옛날 프랑스에서는 일곱 살이 안 된 남자아이들은 여자

아이들과 똑같이 드레스를 입었어요. 남자아이들은 일곱 살이 넘어야 어른들과 비슷한 옷을 입었어요. 그 시절에 줄무늬 옷은 죄인처럼 사회에서 비난당하는 사람들만 입었습니다. 옛날 서양 사람들은 줄무늬가 악마와 관련이 있다고 생각했기 때문이에요.

옛날 서양에서는 일곱 살이 안 된 남자아이들은 드레스를 입었어요.

 이런 생각은 1700년대에 바뀌었습니다. 독립한 나라 미국의 국기에 줄무늬가 있었고, 이것을 본 서양 사람들은 비로소 줄무늬 옷을 입기 시작했습니다.

 참, 아까 길거리에 머리부터 발끝까지 검게 차려 입은 할머니가 있었지요? 이번에는 할머니 이야기를 해 볼게요. 그런데 옷 이야기가 아니고 할머니가 들여다보던 당근 이야기입니다.

당근과 십자군

할머니는 안경을 썼습니다. 안경은 13세기에 발명되었어요. 안경이 없던 시절에는 어떻게 살았을까요? 그런데 안경이 발명된 다음에도 필요한 모든 사람이 안경을 썼던 건 아니에요. 글을 읽고 쓰는 일을 주로 했던 성직자나 수도사만 안경을 쓸 수 있었어요. 서양에서는 1789년 프랑스 혁명 직전에야 모든 사람이 안경을 쓸 수 있었어요.

안경을 낀 자그마한 할머니가 당근을 들여다보고 있습니다. 이 당근에 무슨 이야기가 있냐고요? 엄청나게 많은 이야기가 있습니다. 당근은 굉장히 오랫동안, 그리고 긴 여행을 했거든요.

옛날 프랑스에서는 하얀색 당근을 재배해서 먹었어요. 흰 무처럼 생긴 당근이었지요. 요즘 우리가 먹는 붉은색 당근은 서아시아 지역에서 재배되던 것입니다. 1100년 무렵부터 1270년 무렵까지 예수가 살았다고 전해지는 팔레스타인 성지로 떠난 십자군이 있었습니다. 그들은 기독교의 성지를 되찾는다는 명분을 내걸고 이슬람교를 믿는 사람들과 전쟁을 벌였어요. 그 과정에서 십자군은 서아시아 지역에서 새로운 맛과 향기를 발견했습니다. 계피나 후추, 사프란 같은 향료를 발견했고 당근이나 가지처럼 색이 고운 채소도 발견했습니다. 십자군은 이런 향신료와 채소들을 유럽으로 가지고 돌아왔습니다.

실크로드

굉장히 섬세하고 고급스러운 옷감인 비단이 있습니다. 비단은 1000년 이전에는 중국에서만 만들어졌습니다. 이 시절에 동양인 중국과 서양인 유럽을 오가던 상인들이 있었어요. 이들이 중국의 비단을 유럽 사람들에게 소개했습니다. 이 상인들은 중국을 비롯한 동양의 향수와 향신료도 유럽에 소개했어요. 음식을 더 맛있게 해주고 음식의 불쾌한 냄새를 감춰 주는 동양의 향신료를 유럽 사람들은 참 좋아했습니다. 비단과 향신료를 들고 동양과 서양을 오가던 상인들이 다니던 길을 실크로드라고 부릅니다.

토마토와 감자의 역사

그런데 한 가지 덧붙이자면, 토마토는 멕시코에서 유럽으로 건너온 채소입니다.

아메리카 대륙을 발견한 유럽 사람들은 초콜릿과 옥수수를 유럽 대륙에 가져 왔고 이때 토마토도 가지고 왔습니다. 아메리카 대륙이 유럽에 준 많은 농작물 가운데서 가장 재미있는 이야기를 담고 있는 것은 감자입니다.

> 토마토는 멕시코에서 온 채소입니다.

18세기 프랑스에 파르망티에라는 학자가 있었습니다. 그는 새로운 채소인 감자를 먹으려 하지 않는 프랑스 사람들에게 감자의 맛을 알려주고 싶었습니다.

파르망티에는 재미난 생각을 해냈습니다. 황무지에 감자를 심고서는 군인들에게 감자밭을 지키게 한 것입니다. 프랑스 사람들은 군인들이 밭을 지키는 걸 보고 감자는 무척 귀한 채소가 틀림없다고 생각했습니다.

귀한 감자를 서리해가는 사람이 점점 늘었고 프랑스 사

람들은 감자의 맛을 알게 되었습니다. 파르망티에의 기발한 아이디어 덕분에 감자는 프랑스에서 엄청나게 유행했고, 프랑스의 감자 요리에는 파르망티에라는 이름이 붙었습니다.

감자 목걸이라니!
파르망티에 씨는
너무 자상하세요.

커피의 역사

유럽에 처음 소개된 커피 열매는 서아시아의 것이었습니다. 유럽 사람들이 지금처럼 커피를 마시게 된 것은 아메리카 대륙의 커다란 농장에서 재배된 귀한 커피 열매가 유럽에 소개된 1700년대부터입니다.

유럽으로 건너온 커피는 대도시의 세련된 카페에서 토론을 하거나 신문을 읽으면서 마시던 아주 귀한 음료였습니다.

턱수염과 공화제

아, 초등학교 교장 선생님 이야기를 빠트릴 뻔했네요. 프랑스에서 처음으로 학교를 세운 사람은 700년대의 샤를마뉴 대제가 아닙니다. 샤를마뉴 대제는 프랑스, 독일, 이탈리아 땅을 통일한 왕으로 학교를 많이 세운 것으로도 유명합니다. 물론 유럽에서는 샤를마뉴 대제 이전부터 학교가 있었습니다. 그 시절에는 성직자들만 학교에 다녔어요.

잠깐, 그런데 나는 학교 이야기를 하고 싶은 게 아니라 교장 선생님의 '턱수염' 이야기를 하고 싶습니다. 얼굴을 둘러싸고 있지만 뺨까지 올라가지는 않는 이 가느다란 턱수염에는 아주 놀라운 이야기가 숨어 있기 때문입니다.

프랑스는 1848년에 공화국이 되었습니다. 왕이 지배하던 시대가 막을 내린 거지요. 공화국이 되면서 남성만 참여하는 보통선거, 노예제도의 폐지, 자유의 보장 등이 선포되었습니다. 학생과 선생님 중에는 새로운 정치 제도인 공화제에 찬성하는 사람들이 많았어요. 이들은 프랑스의 공화제가 고대 로마의 공화제를 본보기로 삼아야 한다고 생각했습니다. 고대 로마에서는 의원들이 항상 수염을 길렀지요.

1848년 프랑스에서는 수염을 기르는 일이 공화제에 찬성한다는 의사 표현이었습니다.

1848년 프랑스에서는 수염을 기르는 일이 공화제에 찬성한다는 의사 표현이었습니다. 많은 선생님들이 이 시절에 수염을 길렀지요. 그러나 2년이 지난 1850년에 공화제에 반대하는 보수당이 정권을 잡았고 수염을 기르는 일이 금지되었습니다. 그런데 긴 수염은 금지였지만, 수염이 뺨까지 올라가지 않으면 처벌을 받지 않았습니다. 공화제에 찬성하는 젊은이들은 다시 시작된 왕정에 저항한다는 표시로 뺨까지 올라가지 않는 가느다란 턱수염을 기르기 시작했습니다. 이 가느다란 턱수염은 엄청난 유행이 되었습니다.

저항의 상징, 긴 머리카락

청바지와 라코스테 티셔츠를 입은 젊은이들은 머리카락을 기르고 있었지요? 긴 머리카락에도 재미난 이야기가 숨어 있습니다. 1955년 쿠바에서는 바티스타라는 독재자가 통치하고 있었습니다. 젊은 대학생들은 독재자 바티스타를 쿠바에서 몰아내야 한다고 생각했습니다. 젊은이들

> ### 귀족과 가발
>
> 외모를 가꾸기 위한 수염과 머리 모양이 정치적인 의미를 나타낼 때가 또 있었습니다. 1789년 프랑스에서는 왕정에 반대하는 시민들이 혁명을 일으켰는데 이를 프랑스대혁명이라고 부릅니다. 이 혁명이 일어나기 전부터 프랑스의 귀족들은 분가루를 뿌린 가발을 머리에 썼습니다. 귀족은 왕이 다스리던 나라를 떠받치던 사람들이지요. 왕이 다스리지 않는 새로운 나라를 꿈꾸었던 시민들은 가발을 쓰지 않고 자신의 머리카락을 내보이고 다녔습니다.

은 독재자가 쿠바에 있는 동안은 수염과 머리카락을 자르지 않기로 마음먹었습니다. 이런 생각을 가진 젊은이 가운데 한 사람이 체 게바라였습니다. 에르네스토 게바라는 아르헨티나에서 태어난 아주 잘생긴 의사였는데 친구들과 함께 쿠바의 자유를 위해 열심히 싸웠습니다. 머리카락을 길게 기른 게바라는 자유를 위해 온몸을 던지는 젊은이의 상징이 되었지요. 게바라가 자유를 위해 싸우다가 죽은 다음에도 비틀즈 같은 음악인들이 머리카락을 길게 길렀습니다. 오랫동안 젊은이들 사이에서는 긴 머리카락이 자유와 저항의 상징으로 유행했습니다.

참, 개 한 마리가 길거리를 달리고 있었지요? 동물에 관련된 이야기도 참 많습니다. 동물의 역사를 살펴볼까요.

전쟁에 참가한 동물들

신나게 달려가는 저 개를 보세요. 복서라는 품종의 개랍니다. 복서의 귀와 꼬리는 잘려 있는데요, 왜 그럴까요? 자르는 게 더 보기 좋아서 그렇다구요? 물론 그건 아닙니다. 복서의 귀와 꼬리 이야기는 아주 오래전 중세 시대로 거슬러 올라갑니다.

오래전에는 전쟁을 할 때 무척 사나운 투견인 몰로스를 이용했습니다. 사람들은 몰로스를 적에게 보낼 때 잡히지 않게 하려고 귀와 꼬리 끝을 잘라냈습니다. 그 흔적이 지금 복서에게 남아 있습니다. 몰로스 말고도 전쟁에 이용된 동물이 많아요. 군인을 태우고 다닌 말은 물론이고 쥐와 고양이까지 사람들의 전쟁에 이용되었습니다.

영국 왕실과 프랑스 왕실이 1337년부터 100년 동안 벌인 전쟁을 백년전쟁이라고 부릅니다. 이 전쟁에서 영국 군인들은 끔찍하게도 돼지 창자로 만든 활줄을 사용했습니다. 프랑스 군은 영국 군의 무기를 쓸모없게 만들기 위해 쥐를 보내 활줄을 갉아먹게 했어요. 프랑스에서 쥐를 보냈다는 사실을 알아차린 영국 군은 고양이를 풀어서 활을 지키게 했습니다. 쥐와 고양이는 이렇게 전쟁에 참가한 거예요.

> 프랑스 군은 영국 군의 무기를 쓸모없게 만들기 위해 쥐를 보내 활줄을 갉아먹게 했어요.

역사에는 벼룩도 등장합니다. 흑사병을 유럽 전체에 퍼트린 벼룩은 아주 유명합니다.

할머니의 검은 옷

광장에는 검은 옷을 차려입은 할머니가 서 있습니다. 유럽에서 검은색은 초상을 치를 때 입는 옷 색깔이니, 아마 할머니의 남편이 돌아가셨나 봅니다. 할머니의 연세가 어떻게 될까요? 70세에서 80세 사이일 것 같네요.

150년 전만 해도 40세가 넘으면 노인 취급을 받았습니다. 상상하기 힘들겠지만 사실입니다. 그때에도 여자가 남자보다 훨씬 오래 살았어요. 남자들은 전쟁에 나가거나 몸을 쓰는 일을 주로 했기 때문입니다. 그래서 항상 아내를 잃은 남편보다는 남편을 잃은 아내가 훨씬 많았습니다.

베일을 쓴 여성들

저기에 베일을 쓴 두 여인이 보이네요. 전통을 열심히 따르며 이슬람교를 믿는 무슬림 여성들입니다. 무슬림들이 유럽 여러 나라에 살게 된 것은 1950년 이후입니다. 다음과 같은 일들 때문입니다.

1900년대에 프랑스가 이슬람교를 믿는 북아프리카의 여러 나라를 침략하여 식민지로 삼았습니다. 1950~1960년대에 북아프리카의 나라들은 독립하였습니다. 무슬림들이 유럽으로, 프랑스로 건너온 것은 이 무렵입니다.

베일을 쓰는 것은 지중해를 둘러싼 모든 나라들의 관습입니다.

유럽과 이슬람의 관계에서 또 하나 알아야 할 것이 있습니다.

샤를마뉴 대제가 다스리던 700년대부터 200년 동안, 프랑스의 모든 바닷가 도시에는 '무어인'이라고 불리는 사람들이 살았습니다. 북아프리카에서 태어난 아랍인이 무어인이었는데, 이들은 프랑스 바닷가로 와서 프랑스 사람들과 어우러져 살았고 프랑스 사람들과 결혼하여 아이를 낳기도 했습니다. 그러니까 이 시절에도 베일을 쓴 무슬림 여성을 프랑스에서 볼 수 있었다는 말입니다.

무슬림 여성들이 밖에 나갈 때 얼굴을 가리기 위해 베일을 쓰는 전통은, 유럽을 비롯한 여러 대륙 여러 나라 여성들이 결혼식에서 면사포를 쓰는 것으로 이어졌습니다. 머리에 베일을 쓰는 것은 일종의 관습이자 순결의 표시였습니다. 기독교 국가나 이슬람 국가 할 것 없이 지중해를 둘러싼 모든 나라들, 심지어는 유대인에게서도 이런 베일 쓰는 관습을 찾아볼 수 있습니다. 유럽에서는 제2차 세계대전 이후에 수많은 여성들이 사무실이나 공장에서 일하게 되면서 베일 쓰는 관습이 점차 사라졌습니다. 그렇지만 서아시아에서는 아직도 이 관습이 강력하게 남아 있지요.

거리의 악사와 교회 종소리

거리의 악사가 손풍금을 연주하고 있습니다. 아주 오래 전에도 거리의 악사를 볼 수 있었습니다. 휴대용 카세트 플레이어나 CD, 라디오가 발명되기 이전에 악사들은 여기저기를 떠돌면서 노래를 부르고 연주를 했습니다. 이들이 부르는 노래에는 크고 작은 이야기들이 담겨 있었습니다. 들고 일어나서 불공평한 세상에 맞서 싸우자는 메시지를 전하는 노래도 있었습니다.

 프랑스에서는 혁명이 일어날 때마다 경찰이 거리의 악사들을 잡아들였습니다. 악사들은 사람들이 함께 모여 하

나의 목소리를 내게 했고, 그리하여 때로는 반란을 이끌어내기도 했거든요.

거리 끝에 이르자 교회의 종소리가 열두 시를 알립니다. 예전에는 낮과 밤을 가리지 않고 종이 울렸습니다. 시계가 없던 시절에 사람들은 교회의 종소리를 들으며 시간을 알아차렸지요.

옛날 유럽에서는 세 시간마다 예배를 알리는 교회 종이 울렸습니다. 프랑스 대혁명 이전에는 프랑스 사람들 대부분이 가톨릭을 믿었는데 가톨릭의 아침 첫 기도 시간은 새벽 4시였습니다. 새벽 4시의 교회 종소리를 듣고 잠에서 깨는 사람들이 많았을 거예요.

어때요? 정말 평범한 사람들의 평범한 이야기들이지요. 역사는 이렇게 특별하지 않은 사람들의 삶과 관련된 이야기이고 그것이 남긴 흔적입니다. 뛰어난 건축물과 예술 작품, 진귀하고 오래된 물건에만 역사가 깃들어 있는 건 아니지요.

아주 오래된 사건의 흔적 3

눈을 떠 주위를 바라보세요.
곳곳에 역사의 흔적이 남아 있고 숨어 있어요.

전쟁이 곧 일어날 것도 아니잖아요!
천 년도 더 전에 일어난 전쟁 이야기를 내가 왜 알아야 하냐구요.
나는 종교가 없고 종교에 관심도 없어요.
그런데 왜 역사 이야기를 한다면서 종교 이야기를 하는 거예요?

프랑스에 세벤느라는 아주 작은 마을이 있습니다. 이 작은 마을에는 이상한 점이 한둘이 아닙니다. 작은 골목길에 빵집 두 개가 붙어 있으며 정육점도 붙어 있습니다. 같은 물건을 파는 가게가 두 개씩 있는 거예요.

나는 모든 것이 두 개씩 있는 이유를 나중에서야 알게 되었습니다. 가톨릭을 믿는 사람들과 개신교를 믿는 사람들이 서로 다른 길로 다니고 물건을 살 때도 서로 다른 가게에서 사기 때문이었습니다. 절대로! 무슨 일이 있어도 절대로 가톨릭을 믿는 사람은 개신교 가게에 가지 않고 개신교를 믿는 사람 역시 가톨릭 가게에 가지 않는다고 합니다.

빵집에서 벌어지는 개신교와 가톨릭의 전쟁

세벤느 마을에서는 언제부터 이런 일이 생겼을까요? 놀랍겠지만 1685년부터입니다. 400년도 더 전부터 이런 일이 생긴 거지요. 종교전쟁 이후 시작된 종교 갈등의 흔적이 지금까지 남아 있는 거예요.

프랑스의 왕 루이 14세는 1685년에 무장한 군인들을 개신교 마을에 보내 가톨릭을 믿으라고 강요했습니다. 루이 14세는 개신교를 믿는 일을 법으로 금지시켰고, 법을 어긴 개신교도들은 아주 무거운 벌을 받았습니다. 마을에 무장한 군인들이 도착하자 마을 사람들은 겁에 질렸습니다.

절대로 가톨릭을 믿는 사람은 개신교 가게에 가지 않고 개신교를 믿는 사람 역시 가톨릭 가게에 가지 않습니다.

세벤느 마을의 농부들은 이 사건을 아직도 이야기합니다. 직접 경험하기라도 한 것처럼 말이지요.

세벤느에서 개신교를 믿는 사람들에게 전쟁에 대해 물으면 바로 이 시절 이야기를 합니다. 세계대전처럼 거창

한 전쟁이 아니고 자신의 종교를 지키기 위해서 저항했던 일이 이들에게 가장 중요한 전쟁이 된 거지요.

작은 마을에 새겨진 세계대전의 흔적

어딜 가나 시골은 한산합니다. 한참을 걸어도 사람을 만나기 힘들 때도 있습니다. 장날이나 주변에서 축제가 벌어지는 날에는 마을 전체가 텅텅 비기도 하지요. 이런 시골 마을이 사람으로 북적거리던 시절이 있었습니다. 바로 전쟁 때입니다.

프랑스의 시골 마을에서는 죽은 사람을 기리는 기념비를 어렵지 않게 볼 수 있습니다. 대리석으로 만든 네모반듯한 비석에는 사람들의 이름이 적혀 있습니다. 적으면 열 명 정도의 이름이 적혀 있고 많으면 서른 명 남짓한 사람들의 이름이 적혀 있습니다. 그리고 이런 글귀도 함께 적혀 있습니다. '조국을 위해 명예로이 목숨을 바친 우리의 형제들.' 그렇습니다. 제1차 세계대전과 제2차 세계대전에 참가했다가 목숨을 잃은 사람들의 이름이 적혀 있는 거예요. 비석의 이름을 읽다 보면 성이 같은 사람들의 이름이 눈에 띕니다. 형제가 함께 죽은 경우도 있고 한 가족 서너 명이 모두 죽은 경우도 있습니다.

1914년에 유럽의 시골 마을은 사람들로 북적거렸습니다. 1914년은 바로 제1차 세계대전이 시작된 해입니다. 전

세계대전과 스페인 독감

제1차 세계대전의 결과는 참혹했습니다. 어림잡아 900만 명이 죽었습니다. 이 가운데 150만 명이 프랑스 군, 200만 명이 독일 군이었습니다. 그리고 650만 명 정도가 가스에 중독되거나 팔다리가 잘리는 부상을 당했습니다. 전쟁으로 지친 유럽에서는 1918년에 전염병이 유행했습니다. 스페인 독감이라고 불린 이 전염병으로 전 세계에서 3000만 명이 희생되었습니다.

쟁이 터지자 남자들, 특히 젊은 남자들은 하던 일을 그만두고 누구인지도 모르는 적과 싸우러 떠났습니다. 이 시절에 마을 전체가 전쟁터로 변한 경우도 많았는데, 독일과 국경을 맞대고 있는 프랑스의 작은 마을 베르당이 그랬습니다.

1916년 베르당에서 프랑스 군대와 독일 군대가 몇 달 동안 전투를 벌였습니다. 젊은이 50만 명이 전투를 벌이다 죽었고 작은 마을 베르당은 공동묘지가 되었습니다. 엄청나게 많은 피가 흘렀던 마을은 다시 한적하고 조용한 곳이 되었습니다.

팔뚝에 새겨진 전쟁의 흔적

이제 도시로 가 볼까요. 파리에서 있었던 이야기입니다. 이웃 가운데 수선집을 하는 사람이 있었습니다. 옷을 고치는 일이 그의 일이었지요. 몇 년 전 어느 여름날, 그는 계산대를 지키고 있었습니다. 계산을 하는 그의 소매 아래 팔뚝에 어떤 숫자가 새겨져 있는 걸 보았습니다. 내가 그 숫자들을 유심히 보자 그는 살짝 웃으면서 말했습니다.

"이거 참, 보셨군요. 계좌번호를 하도 잊어서 이렇게 팔뚝에 새기고 다닙니다."

나는 그를 똑바로 쳐다보며 다시 물었습니다.

"농담하시는 거죠. 어디에서 그렇게?"

그는 생각에 잠긴 채로 말했습니다.

"아우슈비츠에서요. 거기로 간 건 1944년이었어요. 열다섯 살 때였죠……."

　프랑스에서 태어난 프랑스 사람이었던 그는 프랑스 경찰에게 체포되었습니다. 그리고 나치에 넘겨져 폴란드 아우슈비츠 강제 수용소에 갇혔습니다. 이유는 단 하나. 그와 그의 가족이 유대인이었기 때문입니다. 가족들은 모두 가스실에서 죽었고, 그 혼자 살아남았습니다. 나치는 가축에

역사의 흔적을 지니고 사는 사람들이 많습니다.

나치의 유대인 학살

히틀러가 당수로 있었던 나치당은 독일을 통치했고 제2차 세계대전을 일으켰으며 유럽 여러 나라를 점령했습니다. 나치당의 주요 정책 가운데 하나가 유대인 말살 정책이었습니다. 1941년에는 유대인들을 총살했고 이후에는 수용소 가스실에서 학살했습니다. 남자, 여자, 어린이 할 것 없이 유럽에 살고 있던 유대인 600만 명이 나치에게 죽임을 당했습니다.

게 번호를 새기듯이 수용소에 갇힌 유대인들의 몸에 번호를 새겼습니다. 그의 팔뚝에 적힌 숫자는 그 흔적이었습니다.

제2차 세계대전이 끝나고 그는 파리로 돌아왔지만 그가 겪은 일을 이웃 사람들에게 얘기하고 싶지 않았습니다. 아무도 믿지 않을 게 뻔했기 때문에 얘기하지 않았다고 했습니다. 계좌번호를 자주 잊는다고 둘러댄 것은 그 때문이었고요.

옷을 수선하는 그에게는 역사의 흔적이 아주 짙게 남아 있습니다. 주위를 둘러보면 역사를 몸에 새기고 사는 사람을 어렵지 않게 볼 수 있습니다. 우리보다 먼저 태어난 사람들의 삶을 이해하는 일, 그것이 바로 역사를 이해하는 일입니다.

역사학자가 들려주는 역사 이야기 4

역사학자는 모험심이 가득한 탐험가들이지요!

역사책에는 유명한 사건이나 유명한 인물이 나옵니다.
그런데 모두 사실일까요?
정말 한달음에 다른 나라를 정복했을까요?
정말 두려움 없이 앞으로만 나갔을까요?

좀 더 최근의 역사인 1900년대의 역사를 들여다봐요. 제2차 세계대전 같은 사건들은 정말로 교과서에 적힌 대로 그렇게 일어났을까요? 과학 연구의 목적은 진실을 밝히는 것이고 마찬가지로 역사 연구의 목적도 진실을 밝히는 것입니다. 그래서 역사 연구를 하기 위해서는 다른 학문에서 빌려 온 여러 도구나 방법을 이용해야 합니다. 미처 예상하지 못했던 것을 발견하려면, 다른 학문과 마찬가지로 역사 연구를 할 때도 엄청난 인내심과 시간이 필요합니다.

역사 연구의 시작은 자료 읽기

　오래된 과거의 역사에 대해 연구할 때는 온갖 종류의 무수한 자료를 기본으로 참고해야 합니다. 비교적 최근의 역사를 연구할 때는 실제로 그 사건을 겪은 사람들의 증언을 반드시 들어봐야 합니다. 참, 아주 오래된 과거를 뭐라고 부르는지 아세요? 맞아요, 먼저 선先 자에 역사 사史 자를 쓴 '선사시대'라고 부릅니다. 역사가 문자로 기록되기 이전의 시대라는 뜻이죠. 문자가 발명되기 이전의 시대니까 몇 천 년, 몇 만 년 전의 시대를 선사시대라고 합니다.

　문자가 생기면서 사람들은 자신들의 생활이나 교역 내용에 대해 적었고, 자신이 경험하거나 목격한 전쟁에 대해 적었습니다. 감정이나 기분까지 글로 남기는 사람도 있었습니다.

문자가 탄생하면서
역사 시대가 되었군요!

　그렇기 때문에 어떤 역사 시대에 흥미가 있다면, 그 시대에 대한 설명을 담은 책도 물론 읽겠지만 당시에 쓰인 자료를 읽는 것도 아주 중요합니다. 예를 들면, 만약 고대 이집트에 흥미가 있고 고대 이집트 역사를 연구하는 사람이 되고 싶다면 당연하게도 이집트 문자를 읽을 줄 알아야 한다는 말입니다. 만약 중세에 관심이 있으면 그 시절 사람들이 사용한 라틴

문자를 읽을 줄 알아야 한다는 말이지요. 쉬운 일이 아니지만 역사 연구를 하고 싶다면 꼭 필요한 일입니다.

마침내 옛날 문서를 읽을 수 있게 되었다면 기분이 어떨까요? 말로 표현할 수 없을 정도로 기쁘겠지요. 이제 남은 일은 간단합니다. 문서에서 흥미로운 내용들을 모아서 줄거리를 잡아 설명을 하면 됩니다.

어떤 역사 시대에 흥미가 있다면, 그 시대에 대한 설명을 담은 책은 물론 당시에 쓰인 자료를 읽는 것도 아주 중요합니다.

말은 간단하지만 쉽지 않은 일입니다. 옛날 문서들은 몇백 년이 지나는 동안에 사라지거나 불에 타 버리는 경우가 많습니다. 생각해 보세요. 여러분이 일곱 살 때 그림을 그렸던 스케치북을 아직 가지고 있나요? 한글을 처음 익힐 때 연습했던 공책을 지금 가지고 있나요? 이처럼 옛날 문서나 자료가 남아 있기는 참 힘든 일입니다.

평범한 물건에서 역사 읽기

역사 연구자는 평범한 것에 관심이 많습니다. 공책이나 스케치북, 장 보기 목록, 친구와 주고받은 쪽지 같은 것들에 관심이 많습니다. 이런 평범한 물건들은 사람들이 무슨 생각을 하면서 어떻게 살았는지를 보여주는 증거가 되기 때문입니다. 그렇지만 이런 자료들이 남아 있기는 정말 힘

이집트의 로제타 돌판

1798년에 나폴레옹 보나파르트는 이집트를 정복하러 떠났습니다. 그 시절, 프랑스의 많은 학자들은 이집트의 찬란한 문명과 신비로운 문자에 아주 큰 관심을 가지고 있었습니다. 1822년에 나폴레옹의 군대는 이집트 로제타 지역에서 상형문자가 빼곡이 적힌 돌판을 프랑스로 가져왔습니다. 프랑스의 학자 장프랑수아 샹폴리옹은 돌판에 적힌 상형문자의 내용을 읽어냈습니다. 덕분에 사람들은 이집트 상형문자를 읽을 수 있게 되었고 이집트의 역사에 대해 알게 되었습니다.

든 일이지요.

500년대부터 600년대 사이에 지금의 프랑스를 지배했던 건 메로빙거 왕조입니다. 100년 남짓한 시간이었는데 메로빙거 왕조에 대해 알 수 있는 자료는 문서 몇 장밖에 남아 있지 않습니다. 남은 문서의 잉크도 너무 희미하게 바래서 문서에 햇빛이 닿으면 잉크가 지워지기까지 합니다.

시간을 훌쩍 뛰어 1900년대, 20세기에 대해 이야기해 볼까요. 이 시대의 자료는 정말 많습니다. 책이나 편지, 신문, 영화, 경찰의 심문 기록, 정부 회의록까지 헤아릴 수가 없습니다. 파묻힐 정도로 자료가 많답니다.

잃어버린 자료를 찾는 역사학자

옛날 문서를 읽으면 옛날 사람들은 어떻게 살았는지 모두 다 알 수 있을까요? 그렇지도 않습니다. 감춰져 있는 자료도 있고 잃어버린 자료도 있거든요. 정부나 공공기관에서는 자료를 보관하지만 여러분이나 나 같은 개인은 살았던 흔적을 남기거나 보관하지 않잖아요. 개인이 보관하는 자료는 아마 졸업장이나 상장 정도일 거예요.

어떤 시대에 관심을 갖고 연구한다는 것은 엄청난 양의 자료를 보는 일이며, 이미 사라진 자료까지도 구해야 하는 일입니다. 프랑스 혁명 때에는 귀족의 권리에 대한 문서 몇 백만 권 정도가 불에 탔습니다. 20세기에도 수많은 문서가 사라졌는데, 특히 전쟁을 하던 시기에 엄청나게 많은 문서가 사라졌습니다.

사라진 이유를 밝히는 역사학자

나는 몇 년 전에 제2차 세계대전에 얽힌 끔찍한 이야기를 연구하고 있었습니다. 독일에 협력했던 프랑스 비쉬 정부와 나치에게 체포된 유대인들의 이야기였죠. 비쉬 정부가 내린 결정을 담은 문서를 읽었고, 나치가 강제 수용소에 잡아들인 사람들의 명단을 보았습니다. 내 손에는 1942년 6월부터 유대인들이 가슴에 달고 다녀야 했던 노란색 별 모양의 천 배지가 있었습니다. '유대인'이라는 글자가 박힌 신분증도 있었지요. 나치는 글자를 지우지 못하게 종이에 구멍을 뚫어서 유대인이라는 글자를 만들었답니다. 내가 본 자료 가운데는 어느 거리의 어느 지하실에 유대인들이 숨어 있다고 고발하는 밀고장도 있었습니다. 정부의 결정에 저항하는 관리의 편지도 있었고 수용소에 갇혔다가 살아남은 사람들의 증언도 있었습니다.

"총사령관 각하, 유대인들을 수용소에 강제로 수용하는 것은 너무나 끔찍합니다. …… 우리 프랑스가 이런 일을 하고 있다는 사실이 너무나 부끄럽습니다."

"코트를 빨리 갖다 줘, 난 동계경륜장에 있어. 난 무사해. 곧 동부 수용소로 갈 거야. 기분도 괜찮아."

그렇지만 내가 찾아내지 못한 기록이 하나 있습니다. 그 기록은 아마 누구도 못 봤을 거예요. 누군가가 일부러 없앴을 테이니 말입니다. 그것은 바로 무척이나 끔찍한 사진입니다. 영화에는 자주 등장하는 장면이지만 실제로 그 사건이 담긴 사진은 없습니다. 바로 1942년 7월 16일 파리의 한 운동장에서 프랑스 경찰이 유대인들을 체포했던 사건입니다.

　이것이 바로 존재하지 않는 기록의 예입니다. 이렇게 기록을 찾지 못할 때 나는 다음과 같은 질문을 하게 됩니다. 왜 이 기록은 없어졌을까? 답은 무척 간단합니다. 이 사건이 있은 후, 체포를 명령한 책임자는 자신의 행동이 수치스러웠기 때문에 당시 체포 현장을 찍은 사진을 모두 없앴을 것입니다. 파리의 운동장에 있던 8천여 명의 유대인들은 남자, 여자, 어린이 할 것 없이 모두 체포되었습니다. 사이클 전용 경기장이었던 동계경륜장은 얼마 지나지 않아 없어졌습니다.

옛날 기록을 읽으며 상상하기

오래된 문서를 읽다 보면 예상하지 못한 것을 발견할 때가 종종 있습니다. 나도 그런 경험이 있습니다.

나는 18세기의 재판 기록을 읽고 있었습니다. 범죄를 저지른 피고에게 재판관은 다음과 같은 판결을 내렸더군요. "모두가 보는 앞에서 사형에 처해질 것이니……." 또 말을 훔친 피고는 이러한 판결을 받았죠. "오른쪽 어깨에 달

파피루스와 양피지

아주 오랜 옛날 이집트 사람들은 여러해살이풀인 파피루스 두루마리에 글씨를 썼습니다. 이후에는 양이나 돼지, 염소 가죽을 무두질하고 연마한 후 표백해서 만든 양피지에 글씨를 썼습니다. 최초의 종이는 오래된 천을 가지고 만들었는데, 아시아에서 처음으로 발명되었고 이후 아랍에서 사용되다가 14세기에 유럽에 들어왔습니다.

군 쇠로 낙인을 찍고, 몇 년 동안 감옥에서 세월을 보내야 할 것이다." 그리고 "죄수는 서명을 거부했다."라는 짧은 문장이 적혀 있었습니다. 나는 읽기를 멈추고 그 장면을 상상해 보았습니다. 무슨 일이 있었던 걸까요? 죄수는 왜 서명을 하지 않겠다고 했을까요?

재판 기록을 적은 문서 사이사이에는 아주 고운 모래가

오래된 문서를 읽다 보면 예상하지 못한 것을 발견할 때가 종종 있습니다.

루가 묻어 있었습니다. 나는 모래가루가 재판 문서 사이에 있는 이유를 이해하는 데 한참이 걸렸습니다. 18세기에는 당연히 손으로 글씨를 썼습니다. 잉크는 빨리 마르지 않았고 잉크를 흡수하는 종이는 많지 않았기 때문에, 모래가루를 뿌려 잉크를 빨아들이게 했던 것입니다. 18세기 이전에는 염소나 양의 가죽을 무두질해 만든 양피지에 글씨를 썼습니다. 양피지는 매우 부드러웠고 종이보다 훨씬 튼튼했지요.

뒷면도 꼼꼼하게 살피기

옛날 사람들은 글을 쓸 때 보통 종이 한쪽 면에만 썼습니다. 두꺼운 옛날 문서를 보면 뒷면에는 아무것도 쓰여 있지 않습니다. 중세의 역사를 연구하는 제 친구는 3년 전에 옛날 문서를 보다가 놀라운 사실을 알게 되었습니다. 손으로 쓴 옛날 장부에 적힌 내용을 확인하며 페이지를 넘겼는데, 종이 뒷면에 글씨가 적혀 있있습니다. 무슨 내용이었을까요? 반란을 일으킨 라옹 지방의 농민들을 프랑스 왕이 용서해 준다는 내용이었습니다.

 당시의 농민 반란은 작은 규모가 아니었습니다. 무려 2만 명 이상이 모였으며 수십 개의 마을이 세금 내기를 거부했죠. 정부는 반란을 진압하려고 군대를 보냈으며 반란을 주도한 사람들은 교수형에 처해졌고, 몇몇은 코와 귀, 혀가 잘렸습니다. 이렇게 무참한 처벌 명령을 왕이 취소한 것입니다. 제 친구가 이 문장을 발견하면서 이 무렵에 농민 반란이 일어났다는 사실이 확인되었습니다.

 영주들의 토지를 빌려 농사를 짓는 소작 농민들의 반란은 잘 알려지지 않은 사건이었습니다. 이 사건은 1336년에 처음 일어났고 첫 번째 반란 이후 주변의 농민들도 반란을 일으켜 자크리라고 불리는 사건들이 일어나게 됩니다. 이 무렵에 프랑스 왕실은 영국 왕실과 백년전쟁을 벌이고 있었으며 온 나라에서 흑사병이 돌고 있었습니다.

자크리

옛날 프랑스 농촌에는 자크라는 이름을 가진 사람이 많았습니다. 자크라는 이름은 농부의 대명사나 마찬가지였지요. 파리 북부의 농민들은 백년전쟁이 한창이던 1336년에 지배자인 영주들을 상대로 반란을 일으켰습니다. 사람들은 이 사건을 자크리라고 불렀습니다. 그리고 나중에 일어난 농민 반란도 모두 자크리라고 불리게 되었고, 지금 자크리는 농민 반란이라는 뜻을 담은 고유 명사가 되었습니다.

이때에 파리 북부의 농민들은 자크리라고 불리는 반란을 일으켜 파리 전체를 전쟁 상태로 몰아넣었던 것입니다.

 어떤 역사책에도 나오지 않는 자크리 사건은 장부 뒷면에 적힌 짧은 문장을 발견하면서 분명한 사실이 되었습니다!

주머니 속의 역사

깊은 인상을 받은 자료가 하나 있습니다. 파리 국립 기록관이라는 곳에서 일할 때였습니다. 국립기록관은 미로처럼 이어진 로비 안에 프랑스 역사에 대한 문서가 수백만 개 이상 쌓여 있는 곳이지요. 그곳의 어떤 책장 위에서 파리 경찰이 남긴 기록을 발견했습니다. 기록의 내용은 이렇습니다.

미래의 루이 16세와 마리 앙투아네트의 결혼을 맞이하여 1770년 5월 30일, 파리에서 대규모의 축제가 있었습니다. 도시 여기저기에서 무도회가 열렸고 화려한 불꽃이 하늘을 덮었습니다.

오늘날의 콩코르드 광장인 루이 15세 광장에 사람들 한 무리가 모여 있었고, 어떤 이들은 공연을 보기 위해 마차 지붕으로 기어 올라가기도 했습니다. 그때 갑자기 마차 지붕이 무너져 내렸고, 흥분한 말들이 사람들에게 달려들었습니다. 사람들은 혼란한 상황에서 서로를 밀치며 빠져

나가려 했고, 결국에는 300명이 깔려 죽었습니다. 다음 국왕의 결혼식에서 이런 일이 벌어지다니, 얼마나 불길한 징조입니까!

경찰이 작성한 기록에는 죽은 사람들의 명단이 들어 있었습니다. 이름, 주소, 그리고 당시에는 신분증이 없었기 때문에 어떤 옷을 입었는지를 매우 자세하게 적었습니다. "면으로 된 촌스러운 꽃무늬 드레스, 검은 모직 바지, 주머니가 네 개 달린 빨간 조끼……." 정말 놀라운 사실은, 이 사람들의 주머니에 어떤 물건이 있었는지까지 경찰이 하나하나 기록했다는 점입니다. 손수건, 열쇠, 온갖 연장, 바늘, 동전, 단추, 묵주, 작은 기도서, 라임 꼭지, 반지, 칼 등이 주머니에서 나왔다고 적었습니다.

경찰의 기록을 보고 있으니 내 눈앞에는 그때 그 사람들의 모습이 그려졌습니다. 이 한 장의 기록으로 옛날 사람들의 모습을 상상할 수 있었던 거예요. 주머니 속에 든 사소한 물건들이 나를 과거로 이끈 거지요.

나는 2000년대 사람들이 주머니에 지닌 물건을 보며 놀라는 300년 후의 역사학자를 떠올려 봅니다. 지하철이나 거리를 오가는 사람들은 주머니에 휴대폰, 열쇠, 교통카드, 껌, 동전 등을 가지고 다니겠지요. 주머니 속의 작은 물건들은 우리의 일상에 대해 많은 것을 알려줍니다. 한순간에 나는 18세기에서 현재로 돌아옵니다. 맞습니다. 그렇게 자연스럽게 과거와 현재를 오가는 것이 역사의 가장 큰 매력입니다.

자연스럽게
과거와 현재를 오가는 것이
역사의 가장 큰 매력입니다.

무엇이 진실일까?

나는 수천 장의 오래된 문서를 뒤적거리면서도 단 한 번도 '제대로 된 질문'을 해 본 적이 없습니다. 어느 날 파리를 방문한 중국 역사학자는 나에게 제대로 된 질문을 던졌습니다.

나는 그에게 루이 9세가 결정한 내용을 적어 놓은 귀중한 문서를 보여주었습니다. 라틴어로 쓰인 문서를 내가 프랑스어로 번역했고, 프랑스어로 번역된 내용을 다른 번역가가 중국어로 옮겨 보여주었지요. 중국 역사학자는 갑자기 중국어로 질문을 던졌습니다.

"이 문서가 진짜라는 걸 어떻게 아셨습니까?"

나는 더듬거리며 대답했습니다.

"그렇지만, 진짜라는 게 너무나 분명하지 않습니까. 여기에 왕의 인장도 있고, 녹색 밀랍으로 되어 있잖아요. 여기 무척 오래된 명주실도 있고……."

중국 역사학자와 헤어지고 나서 나는 이 질문을 곰곰이 다시 생각했습니다. 그리고 중국 역사학자의 질문이 정말 제대로 된 질문임을 알게 되었습니다. 옛날 문서를 이용하여 진품을 위조하는 사람들은 언제나 있습니다. 그리고 역사에서 자신에게 불리한 사건을 없애고 싶은 사람도 어느 시대에나 있습니다. 영국의 작가 조지 오웰이 쓴 소설인 〈1984〉에 등장하는 정부는 과거의 사건을 끊임없이 다시 쓰기도 합니다.

감춰진 진실 밝히기

역사에서는 어떤 사건의 흔적을 완전히 지워 버리려는 시도도 있었습니다. 그 사건을 둘러싼 엄청난 음모 때문 입니다. 제2차 세계대전 동안 나치는 '유럽에 있는 모든 유대인을 죽이겠다'라고 말한 적은 한 번도 없습니다. 단지 '유대인 문제의 최종적 해결'이라고 말했습니다. 전쟁이 끝날 무렵에 나치는 다음과 같은 명령을 내렸습니다. 벨젝이나 소비보르, 트레블린카 같은 몇몇 학살 수용소를 파괴하고 병영과 가스실을 허물어라, 아무 일도 일어나지 않았던 것처럼 그 위에 나무를 심어라, 이런 명령을 내린 겁니다.

> 모든 독재자들은 사실과 진실을 감추려 합니다.

모든 독재자들은 사실과 진실을 감추려 합니다. 옛날 러시아의 지도자 스탈린 역시 말로는 표현하지 못할 정도로 사람들을 박해했습니다. 자신이 저지른 끔찍한 짓을 정당

화하기 위해 스탈린은 죄 없이 체포된 사람들에게 음모를 꾸몄다고 죄를 뒤집어 씌웠습니다.

인류에게 일어났던 끔찍한 사실을 믿지 않으려는 사람들을 '네가시오니스트'라고 부릅니다. 역사학자가 해야 하는 일은 이 사건들이 정말로 일어났으며, 이를 증명할 수 있는 수많은 증거와 증언이 있다는 사실을 보여주는 것입니다.

기억은 정확할까?

역사 연구를 할 때도 글로 적힌 자료와 구술자의 증언을 비교하여 확인하고 검증해야 합니다. 경찰이 수사를 하는 것과 비슷하지요. 구술자가 언제나 진실을 말한다는 보장이 없으며, 너무 오래된 일이어서 잊었거나 구술자가 사실을 왜곡했을 가능성도 생각해야 합니다.

세르쥬 라바넬이라는 위대한 레지스탕스 대원 이야기를 들려드릴게요. 라바넬은 제2차 세계대전이 한창이던 때에

극적으로 탈출해서 유명해진 사람입니다. 그는 집 근처에서 동지들과 만나기로 했습니다. 약속 장소에 갔지만 모두 함정이었습니다. 경찰 다섯 명이 라바넬의 집에서 그를 기다리고 있었습니다.

"손들어, 신분증을 보여라!"

라바넬은 조끼 주머니에 손을 넣었고, 빛처럼 빠른 속도로 곤봉을 꺼내 겁에 질린 경찰들을 때려 눕혔습니다. 그리고 곧바로 도망쳤고 살아남았습니다. 그는 당시 일을 이렇게 이야기합니다.

"집에서 한참 멀어진 다음에 걷기 시작했습니다. 엄청나게 추운 날씨였죠. 무릎까지 눈으로 덮였고, 몸이 점점 얼어 갔어요······."

라바넬을 인터뷰한 역사학자는 인터뷰 전에 그의 탈출을 기록한 문서들을 읽었습니다. 그의 말은 기록 그대로였지만 딱 한 가지는 기록과 달랐습니다. 기록에 의하면 라바넬은 가을에 탈출했고 가을에

> 역사학자는 글로 적힌 자료와 구술자의 증언을 비교하여 확인하고 검증해야 합니다.

는 눈이 내리지 않아요. 자신이 한 말실수를 깨닫지 못하고 눈을 헤치고 탈출한 이야기를 이어나가는 라바넬에게 역사학자가 일러줍니다.

"당신은 눈이 내리지 않는 가을에 탈출했습니다."

때로는 구술자의 기억이 정확하지 않습니다. 오십 년도 더 지난 일이지만 머릿속에 깊게 박혀서 놀라울 정도로 자세하게 기억하는 구술자도 물론 있지만요.

영화같은 사실도 있다

또 다른 레지스탕스 대원인 라자르 피코위츠가 들려준 증언 역시 충격적입니다. 유대인이었던 피코위츠는 열네 살이라는 어린 나이에 나치에게 체포되어 어떤 운동장으로 끌려갔습니다. 가까스로 도망쳐 나온 피코위츠는 레지스탕스에 들어가서 나치에 반대하는 활동을 했습니다. 그리고 나치의 비밀 경찰인 게슈타포의 대장 클라우스 바비에게 체포되었습니다. 도살자라는 별명으로 불린 클라우스 바비에게 고문을 받던 그는 다시 한번 극적으로 탈출에 성공합니다! 피코위츠는 그때의 일을 떠올리며 이렇게 말했습니다.

"게슈타포에게 이렇게 말했습니다. '나는 레지스탕스 대원들의 주소를 모른다. 우리는 늘 작은 광장에서 만났다. 내가 자전거를 끌고 걸어가면, 차 한 대가 다가와 나를 태우고 갔다.' 그러자 클라우스 바비가 광장에 가 보자고 했습니다. 게슈타포들은 나를 광장에 세우고는 몸을 숨겼습니다. 어느새 해가 지고 있었지만 광장에는 아무도 오지 않았습니다. 물론 다 지어낸 이야기였으니까요. 어두워져서야 게슈타포들은 내게 속았다는 사실을 깨달았습니다. 게슈타포들이 내게 다가왔고, 나는 자전거를 밀어 그들을 넘어뜨린 다음 온 힘을 다해 도망쳤습니다. 뒤에서 총을 쏴 댔지만 작은 골목길로 빠져나가 도망칠 수 있었습니다……."

피코위츠의 이야기는 영화에나 나올 법한 이야기였습니다. 나는 영화에서 지겹게 본 탈출 이야기를 구술자가 자기 이야기인 것처럼 들려주고 있다고 생각했습니다. 그래서 전쟁 관련 기록을 찾아 확인해 보았습니다. 피코위츠의 증언은 모두 정확했습니다. 이번에는 내 기억이 문제였습니다. 전쟁 영화를 너무 많이 봐서 피코위츠가 말하는 사실을 믿을 수 없었던 겁니다.

같은 시간, 같은 장소의 매우 다른 역사

 사람들이 서로 다른 증언을 하거나 관련된 사람들이 기억을 하지 못하거나, 혹은 남아 있는 자료가 부족하다면 어떤 일이 정말로 일어났는지 알 수 없습니다. 그리고 이런 경우도 있습니다. 같은 장소, 같은 시간에 있었던 사람들이 서로 다른 일을 겪는 거예요.

 1944년 8월 25일의 프랑스 파리를 예로 들어봅시다. 사진작가 로베르 두와즈노는 프랑스의 수도 파리에서 이 역사적인 날을 사진에 담았습니다. 그의 사진에는 무엇이 기록되었을까요?

 생미셸 역 부근에 모인 군중들은 도로의 타일을 뜯어 바리케이드를 치고 있습니다. 좀 떨어진 곳에서 바리케이드 뒤에 숨은 젊은이들이 독일 병사를 향해 총을 쏩니다. 그러나 바로 이 순간, 여기서 300미터 가량 떨어진 센 강변에서 낚시꾼들은

> 같은 장소,
> 같은 시간에 있었던 사람들이
> 서로 다른 일을 겪기도 합니다.

일렬로 자리를 잡고 앉아 물고기가 걸리길 기다리고 있습니다. 카페 테라스에는 프랑스 사람들과 독일 사람들이 같은 테이블에 앉아 있습니다. 콩코르드 광장에서는 젊은 여성들이 미군 탱크에 올라가서 지쳐 보이지만 미소를 머금고 있는 젊은 병사들에게 키스를 합니다.

  이 모든 일들은 같은 날, 같은 시간에 일어났습니다. 어떤 이들은 죽어 가고 있었지만 어떤 이들은 웃고 있었지요. 어느 것이 이날의 역사일까요? 모두입니다. 이날 있었던 모든 일이 바로 이날의 역사입니다.

역사 선생님이 들려주는 역사 이야기 5

역사 선생님들은
재미난 이야기에 푹 빠진 사람들이에요.

선생님들은 역사 수업을 시작하기 전에 이런 생각을 한답니다.
'내 이야기를 듣고 호기심이 생길까?'
'우리보다 먼저 살았던 사람들의 삶이 궁금할까?'

역사 선생님은 전달해 주는 사람입니다. 그리 오래전은 아니지만 모두가 잊어버린 누군가의 삶을 떠올리게 하는 사람입니다.

나는 수업을 할 때 학생들에게 자주 이렇게 물어 봅니다.

"다들 부모님 이름을 알고 있나요?"

학생들은 무슨 그런 질문을 하냐는 표정으로 나를 쳐다봅니다.

"네, 알아요!"

나는 이어서 묻습니다.

"할아버지 할머니의 이름은요?"

학생들은 고민을 시작합니다. 대답하기 쉽지 않거든요. 나는 바로 이어서 질문합니다.

"그럼 증조할아버지와 증조할머니의 이름은 알고 있나

요?"

 이젠 아무도 대답하지 못합니다. 여러분도 제 질문에 답해 보세요. 분명 여러분의 증조할아버지나 증조할머니, 즉 부모님의 할아버지, 할머니 이름까지는 모를 거예요.

역사 선생님은 과거를 지킨다

 나는 역사 선생님은 가까운 과거나 먼 과거를 지키는 사람, 즉 과거의 수호자라고 생각합니다.
 가까운 과거는 우리 곁에 생생하게 살아 있답니다. 프랑스 사람인 나는 가능할 때마다 레지스탕스 대원이나 나치 수용소의 포로, 알제리 전쟁의 참전 군인 같은 역사의 증인들을 수업 시간에 모셔옵니다. 학생들은 역사책에 나오는 분들을 만나고 무척 놀라지요. 자신들보다 조금 더 나이를 먹은 사람들 삶의 한 순간이 역사의 한 페이지가 될 수 있다는 사실에 놀라고, 그런 사람들과 어디서든 마주

칠 수 있다는 사실에 다시 한번 놀라는 것입니다.

그런데 아주 먼 옛날에 대해서 얘기할 때는 증인을 데려올 수 없습니다. 그러니 역사 선생님이 할 일은 학생들이 옛날 모습을 떠올리게 하는 것, 다시 말해 학생들이 옛날 사람들의 생활 모습을 상상할 수 있도록 돕는 것입니다.

> 역사 선생님은 학생들이 옛날 사람들의 생활 모습을 상상할 수 있도록 돕습니다.

예전에 나는 중세 역사를 연구하는 학자 조르쥬 더비를 만났습니다. 그때 그에게 이렇게 물었습니다.

"13세기의 파리는 어땠습니까?"

그는 이렇게 대답했습니다.

"어디를 가느냐에 따라 다르지요. 파리 남쪽으로 가면 포도나무 언덕이 보이고 언덕 위로는 수도원이 보일 거예요. 이제 동쪽으로 가 봅시다. 넓게 펼쳐진 숲과 센 강을 따라 내려오는 배들이 보일 거예요. 배에는 옷감 한 더미와 밀 포대, 부르고뉴 포도주 통이 실려 있습니다. 북쪽으로 가 보지요. 생드니에서 이어지는 대로를 따라 갑니다.

이 길은 순례 여행을 하는 순례자들과 파리 북쪽 일드프랑스의 밀밭에서 온 농부들이 다니는 길입니다. 대로에는 파리로 들어가려는 사람들로 가득합니다. 파리 중앙에는 교회의 종이 먼저 보입니다. 노트르담 대성당의 종소리가 울려 퍼질 거예요. 30킬로미터 떨어진 곳에서도 들릴 정도니까요……."

더비의 이야기를 들으면서 나는 포도나무 언덕 위에 있는 수도원에 있는 듯한 느낌이 들었고, 노트르담 대성당의 종소리를 듣는 듯한 느낌을 받았습니다.

역사 공부의 시작은 관찰하기

역사를 가르친다는 것은 지나간 일을 최대한 자세하게 묘사하여 옛날 사람들의 생활 모습을 상상할 수 있도록 돕는 일을 뜻합니다. 이렇게 본다면 역사 공부의 기본은 관찰이라고 할 수 있습니다. 그런데 무엇을 관찰해야 할까요?

예를 들면, 중세 이후에 지어진 교회를 관찰할 수 있습니다. 이 교회들을 자세히 보면 모두 해가 뜨는 방향인 동쪽을 향하고 있습니다. 동쪽에는 예수 그리스도가 십자가에 매달린 곳인 예루살렘이 있기 때문입니다. 또 다른 예를 들어 볼까요. 로마 시대에 만들어진 조각상, 특히 여성 조각상의 머리 모양을 관찰할 수도 있습니다.

내 헤어 스타일은 로마 풍이라니까!

머리를 땋았는지 틀어 올렸는지 끈으로 묶었는지 말이죠. 로마 시대의 여러 가지 머리 모양에 대한 기록을 참고하여 조각상의 머리 모양을 보면 어느 시대의 머리인지 알아낼 수 있습니다. 그렇게 하면 조각상이 만들어진 시기가 언제인지도 알 수 있답니다.

오래된 도시에 있는 오래된 집의 각 층 높이는 왜 다른지를 조금 다른 시선에서 관찰해 볼까요. 프랑스 대혁명 이전에 1층과 2층은 귀족들이 사는 곳이었습니다. 그래서 천장까지의 높이가 정말 높았지요. 한편 지붕과 가까운 맨 위층에는 노동자나 하녀가 살았습니다. 이곳의 높이는 낮았어요.

과거를 관찰하는 법을 배우고 나면 현재로 돌아와 이런 생각을 해 볼 수 있습니다. 현재를 이루고 있는 모든 것, 즉 전화나 영화, 텔레비전 등은 예전에는 없었는데 이런 물건들이 없던 시절에 사람들은 어떻게 살았을까?

역사에는 긴 시간과 짧은 시간이 있다

지금으로부터 매우 먼 옛날 사람들은 어떻게 살았는지 상상이 되나요? 수돗물도 나오지 않고 화장실도 없는 집에서 오물을 길가로 내버리며 살았다는데 상상이 되나요? 그리고 이것도 아시나요? 프랑스 사람들이 화장실이 딸린 집에 살게 된 때는 1970년대부터입니다. 그 전에는 화장실이 집 밖에 있거나 정원 한가운데 있었습니다.

이렇게 길게 이야기한 이유는, 수도 시설도 없는 지저분한 환경에서 생활하는 것은 굉장히 오래전의 일 같지만 얼마 되지 않은 최근의 일이라는 것을 말하기 위해서입니다. 그렇다면 어떻게 과거에서 현재로 넘어오게 되었을까요? 이 질문에는 모르는 게 없는 역사 선생님도 대답을 할 수 없답니다. 한 가지 말할 수 있다면, 시간은 고무줄처럼 길어지기도 하고 짧아지기도 한다는 점입니다.

시간이 흘러도 전혀 변하지 않거나 무척 느리게 변하는 것들이 있습니다. 7일 단위로 날짜를 세게 된 역사는 바빌로니아 시대로 거슬러 올라갑니다. 일요일에 일을 하지 않는 것은 고대 기독교 시대에 시작되었습니다. 장례식장에서 검은 옷을 입거나 흰 상복을 입는 것, 결혼식에서 흰 옷이나 빨간 옷을 입는 것은 각 나라의 문화에 따른 관습이랍니다. 이런 오래된 관습은 시간이 지나고 세대가 바

뛰어도 변하지 않습니다.

  그렇지만 우리를 깜짝 놀라게 하면서 순식간에 벌어진 사건이나 사고도 있답니다. 원자폭탄이 거대한 버섯구름을 일으키며 히로시마에 떨어졌고, 닐 암스트롱은 이상하게 생긴 우주복을 입고 인류 최초로 달 표면을 걸었습니다. 또한 흑인의 자유를 위해 싸운 마틴 루터 킹이 암살당한 지 40년 만에 미국에서 처음으로 흑인 대통령이 탄생

마틴 루터 킹

1929년에 태어난 마틴 루터 킹은 흑인이었고 개신교 목사였습니다. 그는 미국 남부에 살았습니다. 이곳에서 흑인들은 인종 차별을 당하는 '이등 시민'이었습니다. 킹 목사는 흑인의 인권을 위한 운동을 시작했습니다. 그는 〈나에게는 꿈이 있습니다〉라는 연설에서 '인종 차별 없는 미국'을 꿈꾼다고 얘기했습니다. 마틴 루터 킹은 1968년 4월에 어느 극단적인 인종차별주의자에게 암살당했습니다.

했지요.

다시 말해 쉽게 변하지 않는 매우 긴 시간과 놀라운 변화가 계속되는 매우 짧은 시간이 있다는 말입니다. 그런데 지금 내가 긴 시간과 짧은 시간 중 어느 시간을 살고 있는지는 알 수 없습니다. 지금 일어나는 일을 설명하는 것은 무척 어렵다는 말이에요.

왜 그랬을까? 수십 개의 이유 찾기

1991년에 이런 일이 있었습니다. 러시아의 옛 이름은 소련입니다. 소련은 공산당과 군대와 비밀경찰이 모든 권력을 쥐고 있는 공산주의 국가였습니다. 사람들은 소련에서는 아무것도 변하지 않을 거라고 생각했지요. 그런데 1986년에 체르노빌 원자력 발전소가 폭발하면서 모든 것이 변하기 시작했습니다. 물론 이 사건 때문만은 아니었지요. 소련이라는 거대한 국가는 그렇게 변하기 시작하더니 5년 만에 무너져 내렸습니다. 그게 1991년입니다. 공산당과 군대와 비밀경찰은 모든 권력을 잃었습니다. 몇 달 전까지만 해도 상상할 수 없던 일이 벌어진 겁니다.

여기서 중요한 것은, 놀라운 사건이나 독재자 같은 끔찍한 인물이 어느날 갑자기 역사에 등장하지 않았다는 사실을 설명하는 것입니다. 어떤 사건이 일어났을 때 그 일이 왜 일어났고 어떻게 전개되었는지를 알려면 하나의 이유가 아니라 수십 개의 이유를 연결 지어서 설명해야 합니다.

> 역사 선생님은 독재자 같은 끔찍한 인물이 어느 날 갑자기 역사에 등장하지 않았다는 사실을 설명해야 합니다.

예를 들어 볼까요. 나치 군복을 입고 살짝 미친 것 같은 눈빛을 지닌 히틀러를 보고 사람들은 이렇게 말합니다.

"히틀러는 미친 사람이었어. 히틀러를 진작 죽였더라면 아무 일도 일어나지 않았을 텐데!"

과연 그럴까요? 그렇게 미친 독재자는 히틀러 혼자인가요? 그리고 히틀러는 그가 살았던 시대와 아무런 관련이 없는 독재자일까요? 왜 독일 사람들은 '미친 사람' 같은 히틀러를 지도자로 선출했을까요? 세계에서 가장 잘 살고 수준 높은 문화를 지니고 있던 독일 사람들은 왜 그랬을까요? 똑똑한 학자들, 장군들, 사업가들은 왜 그런 끔찍한 지도자를 따랐을까요?

사건의 진짜 원인 이해하기

우리는 개인의 역사를 배우지만 여러 민족의 역사도 배웁니다. 여기서 중요한 것은 매우 특별한 역사적 인물의 역사가 곧 어떤 나라의 역사는 아니라는 것입니다. 다시 말해, 히틀러가 태어나지 않았더라면 세계의 역사는 달라졌겠지만, 독재자가 독일을 통치하지 않았을 거라고는 말할 수 없습니다. 1930년대에 유럽과 아시아의 여러 나라에서 독재자들이 나타났다는 것이 바로 그 이유 가운데 하나입니다. 사건이 일어난 진짜 원인을 생각할 수 있도록 돕는 것이 역사 선생님이 할 일이라는 말입니다.

바람직한 역사 수업은 모든 학생들이 어떤 사건에 대해 논리적으로 이해하고 설명할 수 있게 되는 수업을 말합니다. 예를 들면, 어떤 사건이 일어나는 이유는 단순하지 않고 더구나 한 가지는 아니라는 것을 학생들이 알게 되는 수업이지요. 시간이 걸리더라도 여러 가지 이유를 찾아 보고 여러 가지 설명을 살펴 봐야 합니다.

나치즘은 아돌프 히틀러 한 사람 때문에 탄생하지 않았습니다. 1940년에 프랑스가 독일에 패배한 이유는 독일 장군들이 프랑스 장군들보다 더 뛰어났기 때문만은 아닙니다. 팔레스타인 민족의 국가가 아직도 세워지지 않은 이유는 단순히 이스라엘 때문이거나 팔레스타인 사람들 때문만은 아닙니다.

사건이 일어난 진짜 원인을 생각할 수 있도록 돕는 것이 역사 선생님이 할 일입니다.

알 수 없는 일들

우리가 역사를 배우는 이유는 역사적 사건을 알기 위해서가 아닙니다. 우리는 어떤 사건을 분석하고 이해하는 방법을 알기 위해서 역사를 배웁니다. 따라서 역사 선생님은

왜 이런 일이 일어났는지 학생 스스로 질문을 던지게 만들어야 합니다.

이제 정답에 가까워졌나요? 그렇습니다. 물론 이유를 잘 설명할 수 없거나 전혀 설명할 수 없는 경우도 많습니다. 예를 들어, 크리스토퍼 콜럼버스는 어째서 인도로 가는 새로운 뱃길을 찾으려고 했을까요? 우리는 여러 가지 이유를 짐작할 수는 있지만 정확한 이유를 알 수는 없습니다. 미국의 알렉산더 그레이엄 벨과 일라이셔 그레이는 어떻게 같은 날에, 1876년 2월 14일에 전화 발명 특허를 신청했을까요? 알 수 없는 일이지요.

승리의 날과 독립 운동의 날, 무엇이 진실일까?

마지막으로, 역사 선생님은 사건의 진실을 가르칠까요? 참 어려운 질문이지만 이렇게 답할 수 있습니다. 선생님은 우리가 진실이라고 믿는 것들을 가르칩니다. 이 진실은 시대에 따라, 그리고 나라에 따라 서로 다를 수 있습니다. 이것이 가장 중요합니다.

선생님들은 예전에 중국에 대해 이야기하면서, 나라 지도자인 마오쩌둥이 대약진 운동을 펼치던 1950년대에 중국은 엄청난 경제 성장을 이루었다고 가르쳤습니다. 그러나 요즘에는 1950년대에 중국은 경제적 어려움이 시작되었으며 이 무렵에 죽은 사람이 800만 명에서 1000만 명에 이른다고 이야기합니다. 복잡하지요? 무엇이 진실일까요?

프랑스에서는 1945년 5월 8일이 '승리의 날'입니다. 이날 독일이 항복하면서 유럽에서 제2차 세계대전이 끝났기 때문입니다.

알제리에서는 1945년 5월 8일이 독립 운동이 일어난 날입니다. 알제리를 통치하려는 유럽에 저항하는 운동이 벌어진 날이기 때문입니다. 이날 알제리 사람들의 격렬한 저항 운동 때문에 유럽 사람 100명 정도가 죽었습니다. 프랑스는 이 일을 보복하기 위해서 알제리 사람 수천 명을

> 진실은 시대에 따라
> 나라에 따라
> 서로 다를 수 있습니다.

죽였습니다. 이 끔찍한 사건은 9년 후 알제리 전쟁의 첫 번째 원인이 되었습니다.

   그럼 우리는 프랑스 승리의 날과 알제리 독립 운동의 날 중에서 무엇을 알아야 할까요? 둘 다 알아야 합니다. 5월 8일은 유럽에서 제2차 세계대전이 끝난 날이기도 하지만, 유럽의 식민지 지배에서 벗어나려는 아프리카 여러 나라의 해방 운동이 시작된 날이기도 합니다. 5월 8일이라는 날짜는 과거와 현재를 잇는 고리가 됩니다.

6

역사의 수수께끼

아직도 풀리지 않은
역사의 수수께끼가 너무나 많습니다.

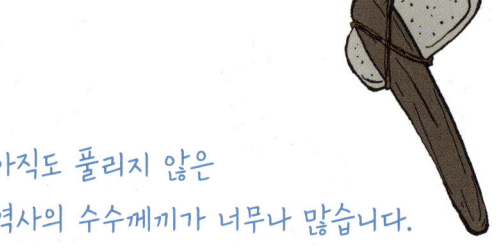

수많은 사건들이 아직도 풀리지 않은 수수께끼로 남아 있습니다.
자료도 적고 증인도 없습니다.
역사학자들은 이런 상황에서도 사건을 해석하려고 노력합니다.
무슨 일이 어떻게, 그리고 왜 일어났는지를 밝히려고 합니다.

먼 옛날로 거슬러 올라갑니다. 1940년 9월에 프랑스 남부에 있는 몽티냑 마을에서 일어난 일입니다. 어린 소년 마르셀 라비다는 강아지 로보와 함께 시골 마을을 산책하고 있었습니다. 갑자기 로보가 덤불숲으로 뛰어들었는데 시간이 지나도 돌아오지 않았습니다. 마르셀은 걱정이 되어 로보를 찾아다녔고, 마침내 엄청나게 깊은 땅굴에서 로보를 찾았습니다.

나흘 후, 마르셀은 친구들과 함께 곡괭이와 램프를 들고 땅굴 탐험에 나섰습니다. 좁은 땅굴이 이어졌고 소년들은 기어서 지났습니다. 그런데 갑자기 길이 넓어지면서 커다란 동굴이 소년들 앞에 나타났습니다. 소년들 중 한 명이 램프를 올려 동굴 벽을 비추자 모두들 소리를 질렀습니다.

동굴 벽에 빼곡하게 그림이 그려져 있었기 때문입니다. 황소나 말 같은 여러 동물이 황토색과 검은색으로 그려져 있었습니다.

　마르셀은 학교 선생님과 마을 어른들에게 동굴이 있다고 알렸습니다. 그 일이 있은 며칠 후 고고학자들과 역사학자들이 동굴에 도착했지요.

문자일까 암호일까?

　마르셀이 발견한 것은 라스코 동굴 벽화였습니다. 선사 시대에 동굴 벽에 그려진 그림으로 아름답고 신비롭습니다. 동굴 벽면에는 말과 황소, 들소, 사슴, 염소가 떼 지어서 온 힘을 다해 달리는 모습이 너무나 생생하게 그려져 있습니다. 그뿐 아니라 곰과 고양이, 심지어는 새의 머리를 한 사람의 모습도 그려져 있습니다. 옛날 사람들은 왜 이런 그림을 그렸을까요? 이 동물들은 무엇을 표현하는 걸까요? 사냥 장면을 그린 그림이라는 의견이 있습니다. 몇몇 동물의 옆구리에 화살 모양이나 상처 같은 표시가 있기 때문입니다.

 이 그림에 대해 궁금한 점이 두 가지 더 있습니다. 이 그림을 누가 그렸을까요? 언제 그렸을까요? 선사 시대를 연구하는 역사학자들은 이 그림의 비밀을 풀기 위해 머리를 싸매고 연구했습니다. 그 결과 라스코 동굴 벽화가 그려진 시기를 짐작할 수 있었습니다. 이 벽화는 기원전 1만 8000년 혹은 1만 5000년 전에 그려진 그림입니다. 아직은 이것 말고는 알 수가 없습니다. 그린 사람이 한 명인지 여러 명인지, 한 시대에 그려진 것인지 시간이 지나면서 여러 번 덧붙여 그려진 그림인지도 알 수 없지요. 라스코 동굴은 사람들이 몸을 피해 살았던 장소가 아니라 신전처럼 신성한 장소였다는 의견에는 많은 사람이 동의합니다.

라스코 동굴 벽화의 수수께끼

하지만 이상한 점이 한둘이 아닙니다. 역사학자들은 당시의 기후와 당시 지구에서 살았던 동물들을 알고 있는데, 그 시절 프랑스 남부의 날씨는 지금의 시베리아 북부와 맞먹을 정도로 무척 추웠습니다. 그리고 그림에 그려진 동물들은 선사 시대에 사냥꾼들이 쫓던 동물들이 아닙니다. 라스코 동굴 벽화가 발견된 곳에 살았던 사람들은 특히 순록을 사냥했다고 합니다.

그럼, 그림에 있는 동물들이 사냥감이 아니라면 대체 무엇이었을까요? 몇몇 학자들은 동물들이 짝을 이루어 그려져 있다는 사실을 발견했습니다. 말과 들소, 혹은 말과 황소가 짝을 이루었는데 말이나 황소의 옆구리에는 화살이나 가시철사, 네모 모양의 표시가 있습니다. 어떤 학자들은 이 표시가 일종의 종교적인 언어이며 최초의 문자라고 주장합니다. 또 다른 학자들은 동물 그림은 하늘의 별자리를 나타낸 것이라고 주장합니다.

크로마뇽인

우리 조상의 사촌 정도쯤 되는 네안데르탈인은 수십만 년 전에 유럽에 살았습니다. 현대 인류의 시조인 호모사피엔스, 즉 크로마뇽인은 35000년 전에 지구에 나타났습니다. 호모사피엔스를 크로마뇽인이라고 부르는 것은 호모사피엔스의 유골이 프랑스 도르도뉴의 크로마뇽 동굴에서 발견되었기 때문입니다. 이들 크로마뇽인은 지중해 남쪽에 있는 나라에서 온 것으로 보입니다.

어쨌든 라스코 동굴 벽화는 지금까지 알려진 예술 작품 중 인류 최초의 예술 작품입니다. 벽화에 그려진 동물이 무엇을 의미하는지는 아무도 모르고 누가 그렸는지도 모르지만, 요즘의 화가들은 동굴 벽화에서 많은 영감을 얻습니다.

피라미드의 수수께끼

전 세계의 여행자들을 설레게 만드는 수수께끼가 하나 더 있습니다. 이집트 카이로에서 얼마 떨어지지 않은 사막 한가운데 하늘을 향해 우뚝 서 있는 케옵스, 케프렌, 미케리노스 피라미드가 바로 그 수수께끼입니다.

이들 피라미드 안에 죽은 파라오의 무덤이 숨겨져 있다는 사실은 잘 알려져 있습니다. 피라미드를 발견하고서도 한참 뒤에야 파라오의 무덤으로 들어가는 입구를 찾았고, 피라미드 안은 어떻게 생겼는지를 알게 되었지요. 하나 남은 수수께끼는 어떻게 피라미드를 지었는가입니다.

> 어떻게 피라미드를 쌓아 올렸는지는 여전히 수수께끼입니다.

오천 년 전의 이집트 사람들은 어떻게 완벽한 피라미드를 지을 수 있었을까요? 이런 피라미드를 짓기 위해 필요한 기하학적 지식은 피타고라스가 살았던 그리스 시대에나 가능했던 지식이었는데 말이죠. 이집트의 피라미드는 그리스 시대 훨씬 전에 만들어졌습니다. 바퀴가

없던 시절에 이집트 건축가들은 어떻게 40톤에 이르는 거대한 돌을 옮겼던 걸까요? 이집트 사람들은 피라미드를 이루는 돌을 어떻게 그렇게 완벽하게, 정교하게, 똑같이 깎아 낼 수 있었을까요? 마치 어린이들이 가지고 노는 블록 장난감처럼 말이죠.

학자들은 이집트 건축가의 놀라운 솜씨에 감탄하며 피라미드를 처음으로 설계한 천재 건축가 이모텝에 대해 이야기했지요. 그렇지만 피라미드가 어떻게 지어졌는지는 아직도 모릅니다. 새로운 가설들만 계속 나오고 있습니다.

몇 년 전 이집트에서 휴가를 보내던 한 프랑스 학자는 무언가 마음에 걸리는 점을 발견했습니다. 아무리 봐도 피라미드의 돌은 깎아낸 것 같지 않았습니다. 만약 깎아낸 돌이라면 깎을 때 생긴 돌조각이나 일정하지 않은 부분도 있어야 하는데, 돌들은 완벽할 정도로 서로 똑같았습니다. 마치 거푸집에 콘크리트를 넣어서 굳혀 만든 것처럼 생겼지요. 그는 이집트 건축가들이 현장에 거푸집을

메소포타미아

그리스어로 메소포타미아는 '두 강 사이에 있는 나라'라는 뜻입니다. 이 두 강은 서아시아 지역에 있는 티그리스 강과 유프라테스 강입니다. 오늘날에는 터키와 시리아, 이라크를 흐르고 있지요. 고대에 메소포타미아는 빛나는 문명을 지닌 나라였습니다. 농업과 도시, 문자, 점성술, 심지어는 정원이 처음으로 등장한 곳도 바로 이 메소포타미아입니다.

놓고는 액체로 된 콘크리트 같은 것을 부었다고 주장했습니다. 일단 마르면 콘크리트는 자연 상태의 돌만큼이나 단단해진다면서요! 그런데 이 가설은 나오자마자 비판을 받았습니다.

제대로 된 답은 언제쯤 찾을 수 있을까요?

붉은 눈의 수수께끼

오래된 역사의 수수께끼 가운데 하나는 피라미드만큼이나 오래된 조각입니다. 루브르 박물관에 있는 메소포타미아의 달의 여신인 이슈타르의 여신상입니다.

이슈타르 여신상은 하얀색 돌로 되어 있으며 여신상의 붉은 눈은 놀라운 광채를 뿜어 내고 있습니다. 몇 년 전 파리에서 보석학자 모임의 총회가 열렸습니다. 루브르 박물관의 큐레이터가 박물관을 찾은 보석학자들에게 박물관을 안내했습니다. 큐레이터는 여신상 앞에 서서 여신의 눈이 유리로 만들어졌다고 설명했습니다. 그러자 보석학자 중 한 명이 이렇게 말했습니다.

"죄송하지만 제가 보기에는 유리가 아니라 루비 같습니다. 그것도 미얀마의 루비 같은데요."

그러자 큐레이터가 답했습니다.

"그럴 리가 없습니다. 여신상이 만들어진 기원전 2000년 무렵에는 서아시아와 동아시아 지역은 아무런 교류가 없었습니다."

보석학자는 물러서지 않고 다시 말했습니다.

"제가 보장할게요, 확실해요. 이 붉은 색깔과 이러한 광채는 미얀마의 루비에서만 볼 수 있습니다."

큐레이터는 굉장히 놀라서 붉은 눈의 진실을 파헤치기로 결심했습니다. 루브르 박물관에 속한 프랑스 박물관 연구실에 의뢰하여 알아보기로 했지요. 성분을 분석하여 분자 구성을 알아내면 무엇으로 눈을 만들었는지 알 수 있으니까요. 큐레이터는 연구

이 아름다운 돌을 4000년 전에 바빌로니아 사제들에게 전한 사람은 누구였을까요?

실에 성분 분석을 맡겼습니다. 결과는, 미얀마의 루비로 밝혀졌습니다! 미얀마의 루비가 어떻게 메소포타미아까지 왔는지는 알 수 없었지만 분명히 미얀마의 루비였습니다. 루비는 상인들이 가져갔을까요? 어떤 길로 갔을까요? 4000년 전에 이 귀중한 돌을 바빌로니아 사제들에게 전한 사람은 누구였을까요?

아틀란티스의 수수께끼

지금 우리가 사는 시대와 가장 멀리 떨어진 시대의 이야기는 많지 않습니다. 아주 적게 남은 고대 세계의 흔적은 신비롭기까지 해서 우리를 설레게 만듭니다. 기원전 5세기에 그리스 철학자 플라톤은 아틀란티스에 대해 이야기했습니다. 아틀란티스는 어느 날 갑자기 바다 속으로 사라졌다고 알려진 신비의 대륙입니다. 플라톤이 이야기한 다음에 바다 속으로 사라진 고대 문명 이야기를 믿는 사람들이 끊임없이 나타났습니다. 2007년, 두 명의 미국 학자가 엄청난 발견을 했다고 발표했습니다. 사라진 대륙 아틀란티스의 흔적을 스페인 만 부근에서 발견했다는 것이었습니다. 북위 31도 15분 15,53", 서경 24도 15분 30,53"

이 그들이 발표한 아틀란티스 대륙의 정확한 위치였습니다.

기자들 앞에서 두 학자는 물에 잠긴 건축물과 성의 흔적이 남은 해저 지도를 공개했습니다. 그런데 2년이 지난 후, 이 모든 것은 거짓이며 두 학자가 발견한 것은 바다의 깊이를 측정하는 배가 지나가면서 남긴 흔적이었다는 사실이 밝혀졌습니다.

아틀란티스 이야기는 전설일 수도 있지만, 여전히 풀리지 않는 수수께끼는 이것입니다. 엄청나게 발전한 문명이 어느 날 갑자기 사라질 수 있을까?

로마 문명 이야기를 해 볼까요. 500년 가까이 유지되었던 거대한 제국은 동유럽과 남부 아프리카, 서아시아까지 세력을 펼쳤습니다. 로마 제국은 끊임없이 이어진 철통 성벽에 둘러싸인 세계 최초의 무력 강국이었습니다. 그러던 제국이 라인 강을 건너온 미개한 민족에게 한순간에 무너졌습니다.

또 다른 거대한 제국들, 아스테카 제국과 잉카 제국 역시 수백 명에 불과한 스페인 군대의 습격으로 갑작스럽게 무너졌습니다. 아메리카 대륙에 발을 내딛은 스페인 병사들이 자신도 모르는 사이에, 치명적인 병원균들을 신대륙에 가져왔기 때문이었습니다.

거대한 문명이 갑작스럽게 사라졌던 예를 보면 매우 걱정스러워지는 동시에 많은 생각을 하게 됩니다. 만약 석유가 동이 나고 마실 물이 모자라는 날에는 무슨 일이 벌어질까요? 우리의 문명도 끝이 나게 될까요? 아마 그럴지도 모르겠습니다…….

아스테카 제국과 잉카 제국

크리스토퍼 콜럼버스가 발을 내딛기 전에 아메리카 대륙에는 두 개의 거대한 문명이 있었습니다. 현재 멕시코가 있는 곳에는 아스테카 제국이 있었고, 페루와 볼리비아가 있는 곳에는 잉카 제국이 있었습니다. 두 제국은 찬란한 문명을 자랑했지만 유럽 사람들에게 쉽게 정복되었습니다. 유럽 사람들이 기술적으로 앞서 있긴 했지만, 결정적인 이유는 유럽 사람들이 아메리카 대륙에 가지고 온 병원균 때문이었습니다.

성당기사단의 보물은 어디로 갔을까?

로마 제국이 멸망하면서 새로운 시대의 문이 열렸습니다. 천 년 동안 이어질 중세 시대의 문이 열린 것입니다. 중세의 환상적인 전설과 전쟁 이야기는 사람들을 설레게 만들었고, 중세의 기근과 각종 전염병은 사람들에게 걱정을 안겨 주었습니다.

지금까지도 서양 사람들의 마음을 설레게 만드는 중세 이야기가 하나 있습니다. 바로 성당기사단의 잃어버린 보물 이야기입니다. 교황에게 속해 있던 성당기사단은 수도사이면서 기사인 사람들의 모임이었습니다. 이들의 임무는 성지로 가는 순례길 보호였습니다.

성당기사단의 보물 이야기는 지금까지도 서양 사람들의 마음을 설레게 만듭니다.

성당기사단이 만들어진 것은 1118년이었습니다. 이슬람 군대는 용맹한 성당기사단을 두려워했습니다. 팔레스타인으로 가는 모든 뱃길을 보호해 주겠다고 약속한 성당기사단은 서아시아와 유럽 사이에서 교역을 하던 상인들을 보호해 주고 대가를 받기도 했습니다. 성당기사들은 돈을 많이 모았고, 광활한 땅과 수도원을 소유하고 있었습니다. 1291년에 이슬람 군대가 팔레스타인 지역에서 다시 권력을 잡았습니다. 이로써 십자군의 시대가 막을 내렸고 십자군은 유럽으로 떠났으며 성당기사단도 함께 떠났습니다.

프랑스 왕 필리프 4세는 힘도 있고 돈도 있는 성당기사단을 경계했고 급기야 모두 체포하라는 명령을 내렸습니다. 성

십자군

고대 로마 시대부터 예수님이 돌아가신 예루살렘은 기독교인들의 순례지였습니다. 유럽과 아시아 대륙에 걸쳐 있던 11세기의 오스만투르크 제국은 예루살렘으로 가는 순례자들을 막았습니다. 이 사건을 계기 삼아 십자군이 만들어졌습니다. 십자군의 기사들은 십자가 문양이 새겨진 옷을 입었고 팔레스타인 지역과 시리아를 정복하고 이 지역에 기독교 왕국의 기초를 다졌습니다.

당기사들은 1307년에 모두 체포되었습니다. 온갖 고문을 받은 성당기사들은 갖가지 범죄를 저질렀다고 털어놓았습니다. 비밀 의식을 하며 십자가를 짓밟았고 검은 고양이를 숭배했다고 말했습니다. 어떤 문서에는 성당기사들끼리 사랑을 나누었다는 내용도 있었습니다. 물론 이 모든 이야기는 다 거짓말이었지만 성당기사들이 화형을 당하기에

충분한 내용이었습니다. 성당기사들은 1310년에 산 채로 화형을 당했습니다.

 성당기사들이 체포되기 전에 어마어마한 보물을 숨겨 놓을 시간이 있었다고 생각하는 사람들이 많습니다. 여기에서 성당기사단의 잃어버린 보물 이야기가 시작됩니다. 이들의 보물은 아직 남아 있을까요? 무엇이 진실이든 보물이라는 말은 언제나 사람들을 꿈꾸게 합니다.

비밀과 음모의 역사

 권력을 가진 몇몇 사람들만 알고 있는 역사의 비밀과 음모, 숨겨진 조약이 있다고 생각하는 사람들이 있습니다. 이런 생각을 가진 사람들은 언제나 있습니다. 그런데 정말, 지금까지 전혀 밝혀지지 않은 숨겨진 사건이나 어마어마한 비밀이 과연 있을까요, 없을까요? 영화에는 무척 오래된 도서관에 틀어박혀 절대적인 힘을 가져다 주는 이름과 숫자, 코드 등을 찾는 모습이 자주 등장합니다.

중세 시대에도 많은 이들이 비밀을 찾아 헤맸습니다. 연금술사들은 무엇이든 금으로 바꿔 준다는 철학자의 돌을 찾았고, 어떤 이들은 그리스도의 피를 담은 잔인 성배를 찾았답니다.

레오나르도 다 빈치가 그린 〈최후의 만찬〉에서 예수님의 오른쪽에 있는 사람은 흔히들 생각하는 것처럼 사도 요한이 아니라 마리아 막달레나라고 믿는 사람들이 있습니다. 마리아 막달레나는 예수님을 모셨던 여성이고 제자입니다. 여기서부터 온갖 추측이 가능해집니다. 만약 그림의 인물이 여성이라면, 예수님의 아내일 수도 있지 않을까요? 예수님이 비밀리에 결혼을 했을 가능성도 있지 않을까요? 둘 사이에 태어난 아이는 없을까요? 소설 〈다빈치 코드〉에 등장하는 이야기들입니다. 이런 이야기는 팩션이라고 부릅니다. 역사적 사실에 작가가 상상력을 덧붙여 만들어 낸 이야기입니다.

옛날 사람들은 어떻게 알았을까?

몇 년 전에 이탈리아 알프스 산맥의 빙산에서 냉동 인간이 발견되었습니다. 놀랍게도 3000년 이상 얼어 있는 사람이었습니다. 학자들은 냉동 인간이 주술사라고 생각했

습니다. 이 사람이 여러 가지 약과 약초가 가득 들어 있는 주머니를 지니고 있었기 때문이었습니다. 3000년 전 사람들은 어떻게 나무와 풀의 효능을 알았을까요? 끓인 버드나무 잎이 두통을 사라지게 한다는 사실을 어떻게 알았을까요? 사람을 죽이는 풀과 치료하는 풀을 어떻게 알아냈을까요? 참 궁금한 수수께끼입니다.

과연 유럽이 먼저일까?

자, 이제 마지막 수수께끼입니다. 유럽 사람들이 세계 정복에 나서 아프리카, 아시아, 아메리카에 식민지를 만들었다는 사실은 누구나 알고 있습니다. 왜 다른 민족들은 유럽 사람들처럼 하지 않았을까요? 유럽 사람들이 더 뛰어난 기술을 가졌기 때문일까요? 더 모험심이 강해서일까요? 더 욕심이 많아서일까요? 글쎄요…….

유럽 사람인 크리스토퍼 콜럼버스나 바스코 다 가마가

> ### 정화의 세계 원정
>
> 1300년대와 1400년대에 중국 대륙에는 명나라가 있었습니다. 명나라는 찬란한 문명을 자랑했고 산업과 기술 역시 매우 발달했습니다. 명나라 황제는 환관인 정화에게 호화로운 세계 원정을 시킬 정도로 부자였습니다.

등장하기 80년 전에 세계 원정을 떠난 중국 사람이 있었습니다. 환관인 정화는 대규모 선단을 이끌고 세계 원정에 나섰습니다. 정화는 아시아와 인도, 아프리카를 지나 이집트에 다다랐어요. 아프리카 맨 아래에 있는 희망봉에 도착한 정화는 건너편 바다를 바라보고는 더 나아갈 필요가 없다고 생각했습니다. 만약 정화가 조금만 더 나갔더라면 세계 역사는 바뀌었겠지요.

7
왜 역사를 배울까요?

역사 없이는 안 돼요!

내가 사는 나라와 조상의 역사를 몰라도 아무 문제가 없습니다.
먹고, 입고, 자고, 노는 것과 역사는 아무 관련이 없다는 말입니다.
그렇지만 역사를 알면 지금이 훨씬 더 즐거워집니다.
과거를 아는 일은 멋진 날개가 되어 줄 거예요.

프랑스의 철학자이자 작가인 사르트르는 학생들에게 이렇게 말했습니다.

"우리는 거인의 어깨에 매달린 난쟁이들이다. 우리는 거인들보다 더 멀리 볼 수 있는데, 우리의 시력이 더 좋아서가 아니라 거인들이 우리를 굉장히 높은 곳까지 올려 주기 때문이다."

과거라는 거인은 우리를 높은 곳으로 올려 줍니다. 그리고 과거 없이 현재를 이해하는 일은 매우 어렵습니다. 과거를 안다고 미래를 예견할 수 있는 것은 아니지만, 과거를 지표로 삼아 앞으로 나아갈 수 있고 길을 잃지 않을 수 있습니다.

역사는 지금을 알려 준다

우리는 지금 21세기에 살고 있습니다. 역사는 우리에게 앞으로 무슨 일이 일어날지 알려 주지 않습니다. 그러나 역사를 알면 지금 일어나는 일들은 무슨 의미인지 이해할 수 있고 앞으로 어떻게 전개될 것인지 상상할 수 있습니다.

예를 들면, 유럽연합을 탄생시킨 유럽의 통합이 매우 놀라운 사건이라는 것을 알 수 있지요. 유럽 사람들은 천 년 만에 처음으로 전쟁 없이 살게 된 것입니다. 역사를 알면, 아프가니스탄에서 벌어지고 있는 전쟁은 오래 이어질 것이고 어려운 전쟁이 될 것이라고 얘기할 수 있습니다. 아프가니스탄의 산골 주민들은 자신을 공격한 외국 군대를 언제나 물리쳤기 때문입니다. 역사를 알면, 서로 다른 종교를 믿는다고 반드시 대립하거나 적이 된다고는 말하지 않습니다. 사람들은 수천 년 전부터 전쟁을 치르면서 함께 사는 법도 조금씩 배웠기 때문입니다.

역사는, 속에서 작은 인형들이 끊임없이 튀어나오는 거대한 러시아 인형이라고 할 수 있습니다. 모든 시대, 모든 사건 속에는 그 시대를 살았지만 기록되지 못한 수많은 사람들의 이야기가 들어 있습니다. 그들의 이야기를 더 자세히 듣고 더 깊이 연구한다면, 지금 나와 그들이 서로 닮았다는 사실을 알 수 있

> 역사란, 속에서 작은 인형들이 끊임없이 튀어나오는 거대한 러시아 인형이라고 할 수 있습니다.

습니다. 바로 이것이 역사를 알아야 하는 이유입니다. 지금의 나를 더욱 잘 이해하기 위해서 역사가 필요한 것입니다.

부록

역사에 대해 더 알고 싶어요

역사와 관련된 직업

• **역사학자**

연구하는 지역별로 서양의 역사와 동양의 역사를 크게 나누기도 합니다. 서양사학과와 동양사학과 그리고 한국사를 가르치는 국사학과가 따로 있는 대학도 있습니다. 역사학자는 대개 하나의 시기와 특정한 지역을 연구합니다. 한국사를 예로 들면 삼국시대, 고려시대, 조선시대, 근현대사 전공 연구자가 따로 있으며, 근현대사 가운데서도 특정한 인물이나 지역을 주로 연구합니다. 이 책에서 이야기했듯이 옛날의 문서를 읽는 일이 중요하기 때문에 그 문서가 쓰인 언어를 잘하는 것도 중요합니다.

• **고고학자**

역사 유적지나 옛날 문명이 탄생했던 곳을 직접 보고 연구하는 사람이 고고학자입니다. 영화 〈인디나아 존스〉의 주인공이 고고학자입니다. 고고학자가 되려면 예술사와 인류의 역사에 대해 공부를 해야 합니다. 사학과, 인류학과, 고미술학과 등에서 공부할 수 있습니다.

• 역사 선생님

국사 선생님, 세계사 선생님, 근현대사 선생님이 모두 역사를 가르치는 선생님입니다. 역사학과나 사학과, 역사교육과에서 공부를 하고 선생님이 되는 시험을 통과해야 합니다.

• 학예사 혹은 박물관 큐레이터

학예사는 박물관이나 미술관에서 관람객을 위해 전시를 기획하고 작품을 수집하고 관리하는 사람으로 큐레이터라고도 합니다. 박물관 등지에서 일하는 학예사는 자신이 관심 있는 분야를 연구하는 역사 연구원이기도 합니다.

• 유물 복원 전문가

옛날 문서나 책, 직물, 가구, 그림 등을 복원하는 전문가가 될 수도 있습니다. 복원 전문가들은 역사에 대해서도 잘 알아야 하고 미술이 지나온 흐름과 각 시대의 특징도 이해해야 합니다. 박물관이나 역사 연구 기관, 대학교에서 일을 합니다.

• 기자

과거보다는 지금을 설명하는 것을 좋아한다면 역사 관련 공부를 한 후에 기자가 되어도 좋습니다.

역사를 만나는 박물관

• 서울, 서대문 자연사 박물관 http://namu.sdm.go.kr

지구 탄생의 순간부터 지금 한반도에 살고 있는 다양한 동물과 식물까지, 지구의 모든 것을 볼 수 있는 박물관입니다. 우리가

살고 있는 이 땅은 어떻게 만들어졌고 처음 이 땅에 살았던 사람들은 어떤 모습으로 어떤 생물들과 함께 살았을까요?

• 고성, 공룡 박물관 http://museum.goseong.go.kr

 2억 년 전 지구를 지배했던 공룡들을 만날 수 있는 곳입니다. 공룡이 이 지구에서 어떻게 살다가 어떻게 사라졌는지를 생각해 볼 수 있고 한반도에 살았던 공룡을 실물 크기로 만날 수 있으며 지금까지 남아 있는 공룡의 발자국 화석도 볼 수 있습니다.

• 서울, 국립 민속 박물관 http://www.nfm.go.kr

 우리 조상들의 생활을 엿볼 수 있는 곳입니다. 먹고, 입고, 자고, 공부하고, 놀고, 일하는 것과 관련된 모든 것을 박물관에서 볼 수 있습니다. 평범한 옛날 사람들은 어떻게 살았을까를 상상할 수 있는 곳이지요.

• **서울, 국립 중앙 박물관** http://www.museum.go.kr

구석기 시대부터 최근까지 우리나라의 역사를 한눈에 볼 수 있는 곳입니다. 우리 조상들이 남긴 역사 유물들과 예술 작품을 함께 볼 수 있고, 이웃 나라인 중국과 일본의 역사를 엿볼 수 있는 전시 공간이 따로 있습니다. 우리 조상들의 생활을 구체적으로 체험하며 상상할 수 있는 어린이 박물관도 있습니다.

• **공주, 국립 공주 박물관** http://gongju.museum.go.kr

백제의 도읍지였던 공주에 있는 박물관입니다. 백제 사람들의 생활 모습을 볼 수 있는 유물들이 전시되어 있고, 특히 옛날 왕의 무덤 가운데 유일하게 무덤 주인이 밝혀진 무령왕릉이 박물관 옆에 있습니다. 1천 년도 더 전에 왕은 어떤 옷을 입고 어떤 신발을 신었는지, 또 어떤 그릇에 밥을 먹었는지 상상할 수 있는 유물들이 전시되어 있습니다.

• 서울, 짚풀 생활사 박물관 http://www.zipul.co.kr

산과 들에서 절로 자라는 풀과, 곡물 알갱이를 떨어낸 줄기인 짚은 아주 오래전부터 우리 조상들의 생활 도구가 되었습니다. 우리 조상들은 짚과 풀을 이용해서 생활 도구를 만들었는데 이 박물관에서 그 흔적들을 볼 수 있습니다. 옛날 사람들이 살았던 집부터 옛날 어린이들이 가지고 놀았던 장난감까지 만날 수 있어요.

역사를 만나는 여행

• 제주 화산섬과 용암동굴

수많은 화산과 보기 드물게 큰 용암동굴, 다양한 희귀 생물이 있는 제주의 화산섬은 세계 자연 유산으로 지정되었습니다. 지구가 생겨난 역사를 고스란히 담고 있는 섬의 가치가 인정된 것이지요. 제주 땅을 밟으면서 오래전 지구의 모습, 화산 분출과 그 이후의 모습을 상상해 볼 수 있습니다.

• 고창 화순 강화 고인돌 유적지

선사 시대 돌무덤인 고인돌은 선사 시대 사람들의 생각과 생활 모습을 보여주는 유물 가운데 하나인데 한반도에 엄청나  게 많이 남아 있습니다. 한반도의 다양한 고인돌은 세계 자연 유산으로 지정되어 보존되고 있습니다. 전라북도 고창, 전라남도 화순, 인천의 강화에 가면 고인돌 유적지를 볼 수 있고 고인돌도 볼 수 있습니다.

• 경주 역사 유적 지구

　1000년 가까이 신라의 수도였던 경주는 1000년 전 사람들의 생활 모습과 왕과 귀족들의 삶, 특히 신라의 국교였던 불교 문화를 간직하고 있습니다. 이런 경주 전체가 세계 유산으로 지정되어 있는데, 경주 어디를 가든 옛날 사람들의 생활과 생각을 만나고 느낄 수 있습니다.

• 수원 화성

　경기도 수원에 길게 둘러쳐진 성곽입니다. 조선의 왕 정조가 지은 성으로 당시의 과학 기술과 옛날 사람들의 생각이 화성 곳곳에 배어 있습니다. 우리의 유산이자 세계의 문화 유산입니다. 돌과 흙으로 쌓은 아름다운 건축물인 화성은 누가 무엇을 가지고 어떻게 만들었는지도 모두 기록되어 있어 더욱 소중한 유산이 되고 있습니다.

• 창덕궁

조선 시대 왕들이 살았던 궁궐로 둘레의 자연과 아름답게 어우러지는 건축물입니다. 세계의 문화 유산 가운데 하나이며 왕이 살았던 시대를 상상할 수 있는 공간입니다.